AF498038

ALPHONSINE,

OU LA

TENDRESSE MATERNELLE,

MÉLODRAME

EN TROIS ACTES A GRAND SPECTACLE,

Imité du Roman de Madame DE GENLIS,

Par M.ᵐᵉ SERVIERE.

Musique de M. J. LANUSSE, Ballets de M. HUS, *le jeune*, mis en scène par M. RIBIÉ.

Représenté, pour la première fois, à Paris, sur le Théâtre de la Gaîté, en Avril 1806.

A PARIS,

Chez MALDAN, au Dépôt de Pièces de Théâtre, anciennes et nouvelles, rue de la Grande-Truanderie, N°. 11.

Et chez

——

1806.

PERSONNAGES. *Acteurs.*

D. PÈDRE D'ALMEDOR,
sous le nom de DOLZI.　　　　M. *Marty.*

La Duchesse D'OLMAS, *sa sœur.*　Mlle. *Julie.*

ALVAR, *Fils de la Duchesse.*　M. *St-Victor.*

Le Comte de MONCALDE.　　M. *Lafargue.*

DIANA DE MENDOCE, *sa
Femme.*　　　　　　　Mme. *D'herbouville.*

ALPHONSINE, *Fille de
Diana.*　　　　　　　Mlle. *Planté.*

D. SANCHE DE MÉLEZ,
Amant de Diana.　　　M. *St-Jules.*

LÉONORE, *Duègne.*　　Mme. *Joigny.*

MELCADOS, *Ecuyer de Mon-
calde.*　　　　　　　M. *Dumesnil.*

DIÉGO, *Intendant de D. Pèdre.*　M. *Pascal.*

Un Écuyer.

Villageois, etc.

La scène est en Espagne, à quelques lieues de Madrid.

ALPHONSINE.

ACTE PREMIER.

Le Théâtre représente un vaste souterrain, renfermant des meubles, et éclairé par une lampe.

SCÉNE PREMIERE.

D. SANCHE, LÉONORE.

D. SANCHE.

Depuis un quart d'heure nous marchons dans ce souterrain, sommes-nous enfin à l'endroit où gémit l'infortunée Diana de Mendoce.

LÉONORE.

Bientôt, seigneur D. Sanche ; mais je n'ai jamais passé cette enceinte ; monseigneur me l'a expressément défendu ; je lui donne un signal, et par le guichet je lui descends les alimens, et les autres choses nécessaires à la vie.

D. SANCHE.

Depuis quinze ans ?

LÉONORE.

Depuis quinze ans.

D. SANCHE.

Toujours seule.

LÉONORE.

Toujours. Personne n'a pénétré dans ces souterrains dont monseigneur et moi avons seuls la connaissance.

D. SANCHE.

Et elle a pu exister !

LÉONORE.

D'une façon pénible, sans doute ; mais rien ne lui a manqué. Et même, à l'insçu de monseigneur, j'ai eu le bonheur d'adoucir quelquefois sa captivité.

D. SANCHE.

Cruel Moncalde, quelle vengeance, et j'ai pu la favoriser !

LÉONORE.

Vous connaissez tous les crimes de Diana.

D. SANCHE.

Des crimes ; jamais elle n'en a commis Diana ne fut coupable que d'erreurs. Au reste, Léonore, je n'ai aucun compte à vous rendre : le comte de Moncalde vous a ordonné de me conduire dans ces souterrains ; montrez-moi l'endroit habité par Diana, et retirez-vous.

LÉONORE.

Vous y voilà. Ces meubles sont les siens. Oh ! excepté la liberté, rien ne lui manque ici.

D. SANCHE.

Comment supporte-t-elle sa captivité?

LÉONORE.

Avec patience, Je ne lui parle que rarement, et toujours à travers le guichet : ses discours annoncent la résignation.

D. SANCHE.

Vous ne l'avez donc pas vue depuis le jour funeste?....

LÉONORE.

Personne n'est entré ici.

D. SANCHE.

Il suffit : laissez-moi.

LÉONORE.

Je vais refermer toutes les portes, et dans une heure elles seront r'ouvertes, mais pour vous seul. (*Elle se retire*).

(*On entend le bruit des serrures et des verroux*).

SCÈNE II.

D. SANCHE.

C'est donc ici que, depuis quinze ans, respire la femme la plus belle, la plus intéressante... O Moncalde, époux criminel! si je me repends bien tard de ne pas t'avoir arrêté prêt à commettre le crime; puissai-je le réparer aujourd'hui. Le temps, les voyages, rien n'a pu éteindre la passion qui me consume. Partout, l'image de Diana me suivait... Je vais donc la revoir!.. mais, ma présence va lui rappeler mes torts. Il me semble que le fardeau terrible de la vengeance céleste pèse en ce moment sur ma tête... Dieu! j'entends des pas légers retentir sous ces voûtes... c'est elle... je n'ose soutenir sa présence... cachons-nous un moment, et reprenons du courage, avant de paraître à ses yeux.

SCÈNE III.

D. SANCHE, *caché*, DIANA.

DIANA.

J'avais cru entendre du bruit. Je me suis trompée; ce n'est point l'heure où Léonore m'apporte ma nourriture. La moindre chose qui vient troubler la monotonie de ma situation, me paraît un évènement, et je croyais déjà... Ah! bannissons des chimères flatteuses qui n'embellissent notre avenir qu'en donnant au présent une teinte plus lugubre!

J'ai pris mon parti; ma résignation a embelli cette solitude, et tandis que sur la terre tout s'agite, que les passions y produisent sans cesse des erreurs et des crimes, je goûte ici par avance la paix profonde du tombeau... Ne suis-je pas rayée de la liste des vivans? Je ne vois plus le soleil marquer le nombre de mes jours, les pleurs accordés à ma perte sont séchés depuis long-tems; et sans doute, ce monde

léger ne parle plus de moi. Retournons dans *ma demeure chérie*, allons y retrouver mon trésor le plus précieux.....
Mais je ne me trompe point, j'entends du bruit près de moi... Je ne suis pas seule ici. . . . . Dieu! que vois-je, D. Sanche! D. Sanche en ces lieux!

D. SANCHE.

Rassurez-vous, madame; oui, c'est D. Sanche qui vous apporte l'espoir d'un destin plus heureux.

DIANA.

Par quel singulier hasard! Moncalde ne vivrait-il plus!

D. SANCHE.

C'est avec sa permission que je suis descendu ici.

DIANA.

Il n'a pas craint de vous avouer cet affreux mystère!.. Seriez-vous son complice!

D. SANCHE.

Je le fus, il est vrai : mais pour vous sauver la vie.

DIANA.

Se peut-il!

D. SANCHE.

Oui, madame, le comte de Moncalde avait résolu votre mort; il n'avait rien de caché pour moi; je lui témoignai mon horreur pour cet attentat : J'obtins, à force de prières, qu'il ne vous arracherait pas la vie. A cette époque, la guerre s'alluma, je fus obligé de suivre mon régiment en Amérique; si loin de vous; combien de fois je gémis sur votre sort! Enfin, après quinze ans je reviens : Je demande à Moncalde ce que vous êtes devenue. Il me répond froidement que vous vivez encore au fond de ce souterrain. Mon cœur se révolte à cette idée, je frisonne... Je lui demande si sa vengeance n'est pas satisfaite par un si long et si douloureux châtiment. Il n'est plus en mon pouvoir de le changer, me dit le comte. Diana n'est plus mon épouse, et je me remarie.

DIANA.

Il se remarie! . Et quelle est l'infortunée...

D. SANCHE.

La duchesse d'Olmas.

DIANA.

Mon ancienne amie, la sœur de D. Pèdre.... de...

D. SANCHE.

De cet amant chéri qui causa votre perte.

DIANA.

Hélas! N'ai-je pas causé la sienne? Je n'osais vous interroger à son sujet. Qu'est-il devenu?..

D. SANCHE.

On l'ignore : lorsqu'il apprit votre disparition; il donna une partie de ses biens à sa sœur, et partit sans que depuis on en ait eu la moindre nouvelle.

D I A N A.

Ma disparition, dites vous. Je ne passe donc point pour morte dans le monde.

D. S A N C H E.

On a fait courir le bruit que vous étiez passée en France avec Dazeli, votre page.

D I A N A.

Oh ciel! . .

D. S A N C H E.

Le Comte, avide de fortune et d'honneurs, a brigué la main de la duchesse d'Olmas ; il a obtenu de la cour de Rome la cassation de son mariage avec vous. Et bientôt un nouveau lien l'engage.

D I A N A.

Ce n'est pas là ce qui me touche le plus. Apprenez, D. Sanche. . . . Mais qu'allais-je dire !

D. S A N C H E.

Que voudriez - vous me cacher, madame, hélas! comment trahirais-je vos secrets! Moncalde.....

D I A N A.

Je le vois : vous êtes son complice, sans quoi, sachant l'horreur de ma situation, vous iriez trouver les juges, le ministre, le roi même : vous leur diriez, Diana de Mendoce languit depuis quinze années dans un affreux souterrain ; elle y a passé sa jeunesse, elle y meurt ! . Qui vous a retenu, qui vous retient encore ! N'êtes vous donc venu ici que pour insulter à mes maux par une barbare curiosité.

D. S A N C H E.

Non, madame, je suis venu vous offrir un moyen de sortir d'ici.

D I A N A.

Un moyen de sortir d'ici : Il en est un ! Ah ! parlez, D. Sanche, parlez, je vous écoute.

D. S A N C H E. *Un silence.*

Je sais, madame, que le comte de Moncalde n'a jamais eu que le titre de votre époux. Je sais combien il vous a dédaignée, comment il a sacrifié votre bonheur à son insatiable ambition, aux calculs de l'intérêt et de la cupidité. Une femme. . . . un enfant de quinze ans, c'était votre âge ; ne pouvait se commander dans une semblable circonstance ! La plus sage eût perdu toute idée de devoirs. Vous donnâtes votre cœur à D. Pédre, qu'il fut heureux ! . . Mais moi, madame, je vous adorais, vous ne l'ignoriez point. Quinze ans n'ont pu éteindre ma passion : Je reviens, je vous trouve belle encore. Eussiez vous perdu vos charmes, vous êtes Diana. Je vous adore, je vous adorerai toujours ! Le comte n'est plus votre époux. D. Pédre a disparu : sans doute il a trouvé dans les combats la mort qu'il implorait. Le monde vous a oubliée : je vous offre une nouvelle existence. Recevez ma main , prenez mon nom , fuyez cette terre témoin de vos malheurs , venez chez les français sous le beau ciel de la Provence ; vous y partagerez ma fortune : mon bonheur sera de faire le vôtre, et si vos maux ne sont point réparés , du moins D. Sanche aura-t-il fait tout ce qui était en son pouvoir , pour mériter l'estime de l'adorable Diana! Un mot! dites un mot ; et dans quelques minutes vous pourrez revoir la clarté des cieux , et quitter pour jamais cet odieux séjour.

D I A N A.

Ma surprise est au comble. Quelle proposition ; Moncalde la sait-il ?

D. S A N C H E.

Il consent à tout . . Je l'ai forcé à y consentir. . . Il me craint ; je sais ses secrets.

D I A N A.

D. Sanche , je ne dois point vous tromper ; je n'ai jamais aimé que D. Pèdre , je ne serai jamais qu'à lui.

D. S A N C H E.

D. Pèdre existe-il encore ?

D I A N A.

Les liens les plus sacrés m'attachent à lui. . .

D. S A N C H E.

Vous n'avez pas d'autre moyen de sortir d'ici

D I A N A.

Je n'en sortirai donc jamais.

D. S A R C H E.

Se peut-il ! . . Ah! vous devez me hair , je le sens : dans l'espoir de vous conquérir , je me suis associé aux fureurs d'un barbare ; mais confondrez-vous avec un vil scélérat , l'homme égaré par une passion insurmontable. Ma vie entière expiera mon crime ; elle vous sera consacrée : c'est la dévouer à la vertu ; je deviendrai digne de vous.

D I A N A.

Cessez de vous abuser , D. Sanche , si c'est là le seul moyen qui me soit offert pour sortir de ces tristes lieux , j'y terminerai ma carrière.

D. S A N C H E.

Jugez de mon amour par tout ce que j'ai fait !.. Je voudrais pouvoir vous offrir un trône, et je vous ai plongée dans un cachot. Je hais le tyran qui vous opprime , et je suis son complice. Je suis sensible à la pitié , et j'ai fait couler vos larmes ; mais quand l'amour m'aura donné le bonheur , et qu'il me commandera la vertu , avec quel transport j'obéirai!

Diana , je vous afflige : vous avez perdu sans retour , votre famille , votre amant , votre patrie ; le sort vous a réduite à n'exister que pour moi , nous irons , sous d'autres noms , nous fixer dans des climats étrangers. Je vous le répète , il serait hors de mon pouvoir de vous rendre la liberté ; sans cette condition, le comte n'y consentirait jamais.

Diana, ne me répondez pas : réflechissez. Je viendrai dans une heure apprendre votre décision : ah ! ne faites pas vous-même votre malheur.

Adieu... adieu... On vient. . Je vous quitte pour peu de tems : puissai-je ensuite ne vous quitter jamais !

(*Léonore ouvre la porte, il sort, en regardant tristement Diana*).

SCÈNE IV.
DIANA.

Voilà donc l'affreux mystère éclairci. Moncalde a su mon amour pour dom Pèdre. Avait-il le droit de me le reprocher, de m'en punir, après les indignes traitemens que j'avais reçus de lui ! Cruel époux ! Tu m'as bien fait expier la faute que toi-même me fis commettre. Retournons près d'Alphonsine, près de ma fille ; ils ignorent les barbares que j'ai cette consolation. Ah ! puissent-ils toujours l'ignorer Née dans ce souterrain, elle n'a jamais vu que sa triste uniformité ; mais loin du monde, au moins en ignore-t-elle les écueils. La vanité n'a pu jetter les germes de la corruption dans son jeune cœur, le langage de la flatterie ne la séduira point. Plante délicate et chérie, cultivée dans l'ombre, à l'abri d'un soleil brûlant et des vents destructeurs ; elle n'a point à redouter de jours orageux. O mon Alphonsine... Quel bonheur qu'elle n'ait point vu dom Sanche ! Dom Sanche... Il ne saura pas mon secret, personne ne le saura. Ils se vengeraient de moi sur mon enfant... O dom Pèdre, si tu voyais ta fille... Mais, je l'entends, elle vient, cachons lui mon trouble !...

SCENE V.
DIANA, ALPHONSINE.

ALPHONSINE.
Pourquoi donc rester si long-tems, loin de ton Alphonsine,

DIANA.
Je retournais près de toi, ma fille, mais pourquoi m'avoir suivie en ces lieux.

ALPHONSINE.
Dès que tu me quittes un moment, je suis inquiette... Eh puis, j'avais cru entendre une autre voix que la tienne.

DIANA.
Une autre voix ?... Comment cela se pourrait-il !

ALPHONSINE.
Je sais que nous sommes seules au monde... mais il se pourrait que celui à qui nous devons l'existence, eut bien voulu nous donner une compagne.

DIANA.

Une compagne ! Alphonsine ! Ta mère ne suffit pas à ton bonheur ?

ALPHONSINE.

Oh, si maman !... mais je ne sais quel désir secret... Quelle vague inquiétude, agite mon cœur et fait naître en moi mille pensées. Cet autre monde, dont tu m'as parlé, se présente à mon imagination, sous mille formes différentes, et je m'attends toujours à voir quelqu'un de ses habitans.

DIANA.

Jamais, ma fille, jamais ; tu es née dans cette enceinte ; rien ne t'a manqué, la tendresse de ta mère a rempli tous tes désirs. Tu y vivras innocente et ne la quitteras que pour te trouver dans le sein d'un Dieu, où tu jouiras de la véritable félicité.

ALPHONSINE.

Mais, maman, cet autre monde dans lequel tu as demeuré, avant d'être ici avec moi ; ne le verrai-je pas un jour.

DIANA.

Tu ne dois pas le désirer, mon Alphonsine !

ALPHONSINE.

Et dom Pèdre, mon père, dont tu répètes le nom si souvent, pourquoi n'est-il pas ici avec nous ?

DIANA.

Tu ne me comprendrais pas. . Cependant, pour t'ôter le désir de voir ce monde que tu crois si aimable ; je vais essayer de t'en tracer l'image. Nos occupations, notre existence se bornent ici à nous aimer, à chanter les louanges de l'être bienfaisant qui veille à nos besoins. . . . Pourras-tu concevoir l'idée d'un espace, dix millions de fois plus vaste que celui ou nous demeurons ? Cet espace est habité par des êtres semblables à nous ; mais, barbares, cruels, jaloux les uns des autres, se déchirant sans sujet, se haissant avec fureur, oubliant leurs devoirs, sacrifiant à leurs passions ; mais tu ignores jusques au nom des vices dont je te parle. Vas, ma fille, bénis le ciel de ne t'avoir pas placée dans ce monde funeste, où les écueils sont cachés sous les fleurs, et dont les vains plaisirs produisent des fruits bien amers.

ALPHONSINE.

Ah ! maman, je n'ai plus envie de voir ce monde-là !

DIANA.

Peut-être un jour seras-tu forcée d'y paraître, ma fille, et je ne te caches pas que je tremble pour toi ! Si jamais ce malheur t'arrive, penses toujours aux conseils de ta mère. Consultes ton cœur dans toutes les occasions .. Il est une vois secrette qui nous avertit quand nous fesons le bien ou le mal.

ALPHONSINE.

Faire du mal à quelqu'un ! cela se peut-il ?

DIANA.

Ton âme pure ne le soupçonne même pas... Quittons cet entretien, mon Alphonsine, il me fait de la peine. Tu n'as pas pris ta leçon de musique aujourd'hui, vas chercher ta guittare.

ALPHONSINE.

J'y cours. *(Elle sort.)*

SCENE VI.

DIANA, *seule.*

Pauvre enfant, elle est heureuse : elle ne peut regretter ce qu'elle ne connaît pas... La visite de dom Sanche revient à mon esprit, elle me trouble malgré moi.... mes maux n'étaient donc pas à leur comble; il faut que je craigne encore pour ma fille!... La voici... Que sa candeur est touchante ! Oh ! non, Dieu ne permettrait pas que cet ange fut malheureux.

SCÈNE VII.

DIANA, ALPHONSINE.

ALPHONSINE.

Tiens, maman, voilà la guittare. Je vais chanter la romance que tu as faite avant la naissance de ton Alphonsine. *Diana accompagne sa fille.*

ALPHONSINE.

Ombre légère, ombre chérie,
Toi, qu'autrefois je crus saisir,
O bonheur ! charme de la vie,
Qnoi, j'existe ? et je t'ai vu fuir.
Ah ! quelle est longue la carrière,
Que sans toi l'on doit parcourir,
Privé d'espoir, que peut—on faire
De ton ravissant souvenir ?

Ce souvenir inéfaçable,
Décolorant mon avenir,
Me poursuit, me trouble, m'accable,
Et fait pourtant mon seul plaisir.
Une attachante rêverie
Rappelle à mon cœur ses amours,
Et c'est à la mélancolie.
Que je veux consacrer mes jours.

DIANA, *à part.*

J'entends du bruit... serait-ce dom Sanche. *(Haut.)* Eloignons-nous ma fille. *(Elles sortent.)*

SCENE VIII.

MONCALDE. *(Il entre sombre, rêveur, agité. Il regarde par-tout avec inquiétude.)*

Voilà sa demeure, depuis 15 années ! et je viens d'entendre des chants dans ce souterrain. Elle chante ici ! Elle est heureuse, et moi... moi, je sens des remords... D'où viennent-ils ? Elle m'a outragé, n'avais-je pas le droit de la punir ? O vengeance, m'échapperais-tu donc ! Non. Dom Sanche veut me tromper, j'en suis sûr. Un reste d'amour veut lui

faire sauver Diana ; j'ai eu la faiblesse de consentir à ce qu'il
l'emmenât comme son épouse, mais il faut que j'en sois certain, bien certain. Mon honneur, ma vie, dépendraient de
leur discrétion ; je vais me mettre à l'abri de leurs coups,
en leur en portant de terribles. J'entendrai leur conversation, et de ce qu'ils résoudront, dépendra leur destinée.
S'ils cherchent à me trahir... ils périront !... (*Il entend des
pas ; s'arrête, prend un air serein et composé*).

SCÈNE IX.

MONCALDE D. SANCHE.

MONCALDE, *avec une fausse bonté.*

Vous voilà, cher dom Sanche, vous venez savoir vos
destins.

D. SANCHE.

Oui, Moncalde, vous tiendrez votre parole ?

MONCALDE.

En douteriez-vous. Mon cœur est trop flatté de pouvoir
mettre un terme à sa vengeance ; si je la poursuivais, c'est
qu'il m'était impossible de revenir sur mes pas. Aujourd'hui
tout change de face, mon mariage est cassé par la cour de
Rome ; La duchesse d'Olmas, prête à recevoir ma main. Eh
bien, puisque Diana vous plait encore, emmenez-la en
France, soyez heureux, je n'ai plus de haîne, et tout est
oublié.

D. SANCHE.

Diana va donc revoir le jour !

MONCALDE.

Vous savez à quelles conditions ?

D. SANCHE.

Je les remplirai exactement.

MONCALDE.

Votre mariage s'accomplira dans ce château, cette précaution seule, peut m'assurer de votre discrétion.

D. SANCHE.

Pouvez-vous douter ?..

MONCALDE.

Une chaise de poste vous attendra et vous partirez sur-
le-champ pour la France, escorté par deux hommes qui me
répondront de vous.

D. SANCHE.

Cette défiance me fait injure : mais je consens à tout.

MONCALDE.

Allez donc chercher Diana : je vais faire tout préparer.
Cet arrangement me convient, d'autant mieux que la duchesse
d'Olmas arrive demain, et qu'il est essentiel que vous par-
tiez cette nuit même.

D. SANCHE.

Votre sûreté sera moins compromise. Dans une heure, nous serons tous heureux... car je ne doute pas que cette fois Diana ne se rende à mes raisons.

(*il s'enfonce dans la caverne*).

MONCALDE, *à part.*

Feignons de sortir, et revenons m'assurer par moi-même de leurs intentions... Ils viennent ici... cachons-nous.

SCENE X.

DIANA, D. SANCHE, MONCALDE,
paraissant de tems en tems.

DIANA.

Parlez, D. Sanche, que désirez-vous ?

D. SANCHE.

Vous le savez, Diana ; je viens chercher votre réponse.

DIANA.

Je vous l'ai faite, et je ne changerai point de sentiment.

D. SANCHE.

Quoi, vous refusez la liberté que je vous offre...

DIANA.

Oui, au prix que vous y mettez.

D. SANCHE.

Vous me haissez donc bien ?

DIANA.

Je ne vous hais point, D. Sanche ; je vous estime assez pour croire que, sans rien exiger de moi, vous allez, par un généreux retour à la vertu, me rendre à la lumière.

D. SANCHE.

Et le puis-je !

DIANA.

Votre âme hésite encore... D. Sanche, songez à tout ce que j'ai souffert depuis quinze ans, dans cet affreux séjour.

D. SANCHE.

Je ne le sais que trop !

DIANA.

Vous vous attendrissez.

D. SANCHE, *attendri*

Quel barbare serait insensible à ce tableau déchirant !

DIANA, *avec explosion.*

Vous allez briser mes liens...

D. SANCHE, *se remettant.*

Quoi, dans cet instant même.

DIANA.

Ah ! ne différez pas...

D. SANCHE.

Je ne puis. Le comte reste à la porte du souterrain; et si avant tout je ne montre pas l'écrit signé de votre main, le cruel est capable de vous immoler. (*Moncalde paraît au fond*).

D I A N A.

C'en est assez ; n'y pensons plus. Laissez-moi donc mourir en paix ici.

D. S A N C H E, *égaré.*

Non, venez, je lui plongerai mon épée dans le sein. Je ne puis vous délivrer que par un crime : que m'importe ; je suis las de vivre.

D I A N A.

Ah ! quittez cet affreux langage.

D. S A N C H E.

Diana, donnez-moi votre main, je le veux ; n'êtes-vous pas en mon pouvoir. Vous voulez mourir en paix ici : ce mot a réveillé tous mes ressentimens. Non, je ne vous laisserai point ce repos dont vous m'avez privé sans retour. Vous préférez à mes offres, à mon amour, cette caverne et une éternelle captivité ; et j'ai pensé me laisser séduire. Non, non, promettez-moi de devenir mon épouse, ou craignez tout de ma rage et de mon désespoir.

D I A N A, *avec sentiment.*

Non, D. Sanche, non, je ne vous crains point. Votre âme égarée n'est point abjecte ; et seule avec vous dans ce souterrain, sans force, sans défense, abandonnée de la nature entière, je ne vous crains point (*elle lui prend la main*).

D. S A N C H E.

Vous souffrez, et je meurs ! pourquoi cette obstination cruelle ! Songez que si je cesse d'exister, Moncalde vous perdra. Il craint jusqu'aux échos étouffés de ces cavernes profondes : il pense que la tombe seule est silencieuse... Diana, ne sois pas la victime d'un barbare ; je ne veux que le titre de ton époux, que le droit de te défendre, de mettre ma fortune à tes pieds, de te dévouer mes jours.

D I A N A.

Un obstacle puissant élève entre nous deux une barrière insurmontable. Si vous saviez mon secret, D. Sanche, vous cesseriez de me persécuter.

D. S A N C H E.

Avec quelle persévérance vous me bravez : vous voulez ma mort, et vous serez forcée de la pleurer.

D I A N A.

Cessez, D. Sanche, un entretien qui nous fait souffrir tous deux. Reprenez votre raison, et laissez-moi le seul bien qui me reste, ma tranquillité.

D. S A N C H E, *au dernier degré de fureur concentrée.*

Vous le voulez donc ! vous voulez faire un scélérat d'un homme égaré par une passion impétueuse... Vous aviez le choix de m'élever jusqu'à vous par un consentement généreux, ou de me précipiter, en me rejettant, dans le gouffre le plus profond du crime. C'en est fait, votre sort est fixé :

est fixé ; me céder ou périr ! L'honneur, la vertu, tout ce que j'ai chéri s'est effacé de ma mémoire. Je n'ai eu, depuis 15 ans, qu'une seule ambition, celle de vous conquérir ; qu'une idée, l'intérêt de ma passion ; qu'un sentiment, mon amour. Je vous poursuivrai jusqu'au fond de la tombe où vous êtes plongée : du moins la mort nous y réunira.

DIANA, *effrayée.*

D. Sanche !

D. SANCHE.

Il faut enfin me payer mes tourmens, mes forfaits ! Je n'ai pu vous fléchir : je puis vous immoler !

DIANA, *tremblante.*

D. Sanche !

D. SANCHE.

Je vous ravirai ce repos qui me brave ; je m'enferme avec vous pour ne vous plus quitter jusqu'au dernier instant de ma vie, pour vous ramener sur la terre, ou périr avec vous dans cette caverne.

DIANA, *pouvant à peine parler.*

Quel affreux délire vous égare ! (*elle veut fuir*).

D. SANCHE *l'arrête, et tenant ses mains, se précipite à ses pieds.*

Vous serez aujourd'hui mon épouse. . .

DIANA *jette un cri perçant, et tombe évanouie sur le sein de D. Sanche ; toujours un genoux en terre, Moncalde s'avance et lève un poignard.*

O mon Dieu !

SCENE XI.

Les mêmes, ALPHONSINE, *accourant.*

Ma mère ! ma mère !

(*Elle la presse sur son cœur. Diana ouvre les yeux, s'éloigne de D. Sanche, qui n'exprime que par un silence effrayant le degré de sa stupeur et de sa surprise. Moncalde se recule aussi étonné. Tableau muet.*)

ALPHONSINE.

Qui es-tu ? que veux-tu ? pourquoi fais-tu peur à ma mère ?

D. SANCHE.

Sa mère !

MONCALDE, *à part.*

Quel mystère effrayant !

DIANA.

D. Sanche vous possédez mon secret, c'est maintenant que ma vie est véritablement dans vos mains,

D. SANCHE.

O prodige de la tendresse maternelle, amour d'une mère : oui, tu surpasses tout autre sentiment

ALPHONSINE.

Il n'a plus l'air si méchant !

D. SANCHE.

Infortunée Diana , que n'avez vous pas souffert ! Vous êtes devenue mère dans cette caverne ?

DIANA.

Oui , D. Sanche , sept mois après y être entrée. Les quinze années que j'y ai passées ont été consacrées à l'éducation, à l'existence d'Alphonsine. Concevez-vous maintenant le motif de mes refus?

D. SANCHE.

Séchez vos larmes , vous serez libre dès ce soir. Je ne veux vivre que pour remettre entre les bras de D. Pèdre son épouse et son enfant ; je saurai tromper Moncalde : oui , je vous le répète , ce soir , vous serez libre.

(*Diana presse sa fille sur son cœur , elle ne peut répondre. Moncalde fait un geste de fureur , et disparait*).

SCENE XII.

LES MÊMES , excepté Moncalde.

ALPHONSINE.

Que veut-il dire , maman , est-ce que nous ne sommes pas libres ?

D. SANCHE.

Charmante enfant, que tu es intéressante !

ALPHONSINE.

Dis-moi , viens-tu de cet autre monde dont les habitans sont si méchans , si cruels ! . .

D. SANCHE.

Ils ne le sont pas tous. Si votre mère vous les a dépeints ainsi , c'est qu'elle avait bien sujet de s'en plaindre. Mais, Diana , occupons-nous de votre délivrance : il ne faut pas perdre un instant. Je vais assurer au Comte que vous avez cédé à mon amour , mais que vous ne voulez point m'épouser dans ce château qui vous est si justement odieux. S'il insiste , j'ai les moyens de lui imposer silence. Ma voiture sera prête , je viendrai vous prendre à neuf heures du soir. J'apporterai un grand manteau, dans lequel vous vous envelopperez avec votre enfant ; et demain nous serons hors d'atteinte , et tout-à-fait en sûreté contre les projets que pourrait former encore Moncalde. Il est aussi lâche que méchant , il cédera à toutes mes volontés , et n'aura pas le tems de former le moindre complot.

DIANA.

Votre plan me parait raisonnable. Mais , D. Sanche , êtes-vous bien rendu à vous-même , n'ai-je plus à craindre quelque retour funeste.

D. SANCHE.

Non , vous n'êtes plus pour moi cet objet dangereux qui

boulversa ma raison. Je vous contemple comme un être céleste ! . . Pourrais-je désormais , brûler pour vous d'un feu
prophane ! Ah , si vous m'avez pardonné, le jour du bonheur
pourra luire encore pour moi ! . . . . Mais il est tems que je
vous quitte , je vais encore m'occuper de vous : aussi-tôt que
j'aurai parlé au Comte , je vous écrirai quelques mots pour
calmer vos inquiétudes , et à neuf heures , je viendrai vous
chércher. Être éternel, toi qui veilles sur Diana, toi qui
viens de dessiller mes yeux, et de changer mon cœur. Rends
moi digne de la défendre et de la sauver. *Il sort précipitamment.*

SCENE XIII.

DIANA, ALPHONSINE.

ALPHONSINE.

Maman, est-ce que nous allons quitter notre demeure ?

DIANA.

Oui , ma fille. pour en habiter une moins paisible, peut-
être , mais plus riante et plus agréable.

ALPHONSINE.

Cet habitant de l'autre monde a dit que tu y serais heureuse.

DIANA.

Puisse - t - il ne pas nous tromper , ne pas se tromper lui-
même ! mon Alphonsine, tu vas voir un monde entièrement
nouveau pour toi , ne t'écartes pas de ta mère , elle veillera
sur tes jours , elle éloignera de toi tous les dangers.

ALPHONSINE.

Oh ! je ne te quitterai jamais.

DIANA.

Chère enfant , tu vas donc voir enfin les merveilles de la
création ! ces astres brillans , cette verdure délicieuse, ce
spectacle majestueux de la nature vont frapper tes yeux pour
la première fois. Tu vas respirer le parfum odorant des
fleurs, te trouver dans un air pur , embaumé de leurs douces
émanations. Quel bonheur , que de surprises à chaque pas !

ALPHONSINE.

Je ne comprends pas bien comment , sans mourir , nous
pourrons jouir de tout cela ! car , c'est ainsi que tu m'as
dépeint le séjour où sont admises les ames des créatures
vertueuses.

DIANA.

Oh ! ma fille, je t'ai trompée pour ton bonheur. Nous allons
voir des êtres semblables à nous : mais je ne suis pas sans
quelque terreur ? Un obstacle imprévu peut anéantir nos
projets. Je redoute la duplicité, la perfidie de Moncalde.

ALPHONSINE.

Quel est donc ce Moncalde ?

DIANA.

Un homme qu'heureusement tu ne connaîtras jamais.

ALPHONSINE.

Un homme!.. Celui qui était là tout-à-l'heure, n'était-ce pas aussi un homme ?

DIANA.

Oui, mais il est sensible, généreux : c'est lui qui va nous tirer de notre affreuse prison.

ALPHONSINE.

Va-t-il bientôt venir ?

DIANA.

Je l'espère.

ALPHONSINE.

Tes discours ont fait naître en moi une curiosité. Je vais donc voir de bien belles choses.

DIANA.

Ma chère Alphonsine, faisons nos adieux à cette caverne protectrice où tu as passé ton enfance. Loin d'elle tu seras peut-être moins heureuse : mais rejettons des pressentimens funestes. Peut-être, ma chère fille, aurons-nous le bonheur de retrouver ton père, peut-être aussi sommes-nous séparées de lui pour toujours! Que je regrette maintenant d'avoir perdu son portrait : c'était le seul souvenir qui me restât de toi, malheureux D. Pèdre! L'heure s'écoule. . . D. Sanche ne vient pas! Le billet qu'il m'a promis me rassurerait du moins.. N'aurais-je eu cette lueur d'espérance que pour retomber ensuite dans une situation plus terrible encore! Quelles inquiétudes déchirantes. . . Oh non ! mes craintes sont chimériques. Il va venir. Je connais son courage, sa présence d'esprit. . .

ALPHONSINE.

Maman, j'entends du bruit. . .

DIANA.

C'est lui, nous sommes sauvées. *Elles se jettent à genoux.* Grand Dieu, je te remercie pour ma fille. . . *Un silence profond. Elles écoutent. Neuf heures sonnent.* Voilà l'heure qu'il nous a indiquée. . . J'entends des pas. . . D. Sanche .. est-ce vous ? . . .

SCÈNE XIV.

Les Mêmes, **MONCALDE,** *en dehors.*

MONCALDE.

D. Sanche est mort. Je vais employer la nuit entière à mûrer cette porte, et plus d'espoir désormais. *Diana tombe évanouie dans les bras de sa fille.*

Fin du premier Acte.

3

ACTE II.

Le théâtre représente un sallon richement décoré.

SCÉNE PREMIÉRE.

MELCADOS, LEONORE.

MELCADOS.

Diantre, mademoiselle Léonore, comme vous voilà parée...
On voit bien que vous êtes de nôce.

LÉONORE.

C'est qu'on ne saurait mettre trop d'éclat à une fête comme
celle d'aujourd'hui ; quand il s'agit du mariage d'un aussi
bon maître que le comte de Moncalde, le plus galant, le
plus aimable des seigneurs de la cour...

MELCADOS.

Et sur-tout, le plus généreux ; vous en savez quelque
chose, dame Léonore ?

LÉONORE.

Monseigneur récompense mes soins et mon zèle qu'il sait
apprécier.

MELCADOS.

La modestie de mademoiselle Léonore, égale sa douceur
et son aménité.

LÉONORE.

M. l'écuyer Melcados, au lieu de lancer de sottes épigram-
mes, devrait se rappeller que je commande ici ; que tous ses
pareils me sont subordonnés, et que je puis faire chasser
ceux qui manquent au respect qui m'est dû.

MELCADOS.

Vous ne conserverez pas long-tems cette autorité. Le mariage de monseigneur va, je l'espère, amener de grands
changemens dans l'organisation de cette maison.

LÉONORE.

Ce changement pourrait bien aussi ne pas vous être favo-
rable.

MELCADOS.

Oh ! moi, je n'ai rien à craindre, je ne garde pas de
secrets ?..

LÉONORE.

Comment ?

MELCADOS.

Il faut vous dire que je sais beaucoup de choses.

LÉONORE.

Beaucoup de choses ?.. *A part.* Aurait-il découvert ?..
Faisons-le parler. *Haut.* Voyons, Melcados, parlons sans
aigreur ; nous sommes faits pour vivre ensemble, à quoi sert
de nous quereller sans cesse ?

MELCADOS, *à part.*

Elle me flatte, il y a du mystère. Ayons l'air instruit pour tout savoir. *Haut.* Ne m'avez - vous pas dit que la duchesse d'Olmas qu'épouse aujourd'hui notre maître, est la sœur de D. Pèdre d'Almédor ?

LÉONORE.

Sans doute, celui qui enleva, il y a quinze ans, dona Diana, première femme de Monseigneur.

MELCADOS.

S'il était bien prouvé que D. Pèdre eût enlevé D. Diana, je ne concevrais pas que le comte de Moncalde pût épouser sa sœur. LÉONORE.

Pourquoi donc ? cette sœur est - elle la cause du crime de son frère ?

MELCADOS.

Non. Mais il faut vous dire que je sais m'orienter ; et vous conviendrez que c'est la seule femme que Monseigneur n'eût pas dû faire succéder à la sienne. En supposant toujours qu'elle ait été enlevée par D. Pèdre.

LÉONORE.

Quoi ! vous pourriez douter. . .

MELCADOS.

Vous en savez plus long que moi sur cet article, mademoiselle Léonore, et pour couper au court. . .

LÉONORE, *troublée.*

Je vous assure. . .

MELCADOS.

Pourquoi, M. le Comte, immédiatement après a disparition de sa première femme, vous envoya-t il gouverner ce château avec plein pouvoir, sur-tous les gens qui l'habitaient. Pourquoi commençâtes-vous vos fonctions par le renvoi de la plus grande partie des domestiques, cela est singulier !

LÉONORE.

Singulier ! mais en vérité j'admire la patience avec laquelle j'écoute vos questions, ai-je à rendre compte à d'autres qu'à Monseigneur ?

MELCADOS.

Non sans doute, mais vous ne sauriez empêcher qu'on ait des soupçons sur une conduite aussi extraordinaire.

LÉONORE, *vivement.*

Je ne puis empêcher que l'on soupçonne, mais je suis libre de ne pas répondre à des questions absurdes, et je vous prie de terminer là cet entretien.

MELCADOS.

Là, là, ne nous fâchons pas, je n'ai rien dit qui puisse blesser votre délicatesse, et vous prenez la chose trop vivement. . . Je n'ai plus qu'une seule question à vous faire, ce sera la dernière ? Que fait D. Sanche ici depuis un mois?

LÉONORE.

Eh bien cela ne vous parait-il pas aussi fort extraordinaire?

MELCADOS.

Point du tout , je vous ai dit que ce n'était qu'une simple question.

LÉONORE.

D. Sanche arrive de l'Amérique , et il vient voir Monseigneur.

MELCADOS.

Mais , pourquoi un certain air de mystère ?

LÉONORE.

Du mystère , mais vraiment vous êtes un fou et un dangereux visionnaire ; mais j'attends ici Monseigneur, laissezmoi , je vous prie , et allez vous préparer pour la cérémonie , vous ferez beaucoup mieux que d'occuper votre pauvre esprit d'aussi misérables conjectures.

MELCADOS.

Oui , pour couper au court , renvoyez - moi. *A part.* Oh ! Je saurai quelque chose. Je saurai quelque chose.

SCÈNE II.
LÉONORE , *seule.*

Je respire ! . . J'ai été vingt fois sur le point de me trahir. Quel questionneur que ce Melcados. . . . . . Oh ! Il faut que j'avertisse M. le Comte des soupçons qu'il ose former. Il faut qu'on se défasse d'un curieux aussi redoutable. Mais , quel nouveau crime Moncalde médite-t-il encore ? . . . . Il m'a ordonné ce matin de préparer un breuvage mortel , et de le porter dans l'appartement de D. Sanche. . . Serait-ce pour lui ? . . Je ne puis le croire. . . Serait-ce pour la malheureuse Diana ! . . Si je le savais , j'irais sur-le-champ l'avertir de ne rien prendre que de ma part. J'ai promis à cette infortunée de conserver ses jours. Je tiendrai ce serment , quoiqu'il puisse m'en couter. Heureuse si je pouvais par-là mériter le pardon de mes fautes. Hélas ! La soif de l'or m'a rendue complice de Moncalde ; mais ma sûreté dépend maintenant de ce secret affreux , et puisque je ne puis le dévoiler sans me perdre , tâchons au moins d'adoucir , autant qu'il est en mon pouvoir , le sort de la victime dont l'existence est entre mes mains.

SCÈNE III.
LÉONORE , MONCALDE.

MONCALDE.

Eh bien ! Léonore avez - vous exécuté mes ordres ?

L É O N O R E.

Monseigneur, j'ai porté le poison dans la chambre de D. Sanche. Mais , pourquoi me choisissez-vous toujours pour de semblables commissions ? Vous me rendez odieuse à mes propres yeux.

M O N C A L D E.

Si je vous croyais capable d'éprouver du repentir. . .

L É O N O R E.

Doutez-vous que j'en éprouve ? Je connais toute l'étendue de mes fautes. Mais vous n'avez rien à craindre de mes remords, mon salut dépend de mon silence , et la crainte du châtiment que j'ai mérité , m'empêchera toujours de le rompre.

M O N C A L D E.

Tant que votre obéissance et votre fidélité dureront , mes bienfaits et ma confiance en seront le prix ; mais , je vous le répéte, au premier reproche que j'aurais à vous faire , ma vengeance ne connaîtra point de ménagemens. Écoutez-moi. D. Sanche m'a trahi ; son amour pour Diana a triomphé de son dévouement pour moi , il a voulu la sauver. Je dois me débarasser d'un traître qui , dépositaire de mes secrets a promis de les dévoiler.

L É O N O R E.

Quoi! C'est pour lui. . .

M O N C A L D E.

Oui. D. Sanche, tous les jours à son réveil trouve près de lui une tasse de lait. Celle qu'il a prise aujourd'hui a dû assurer ma vengeance.

L É O N O R E.

Elle est certaine.

M O N C A L D E.

S'il est vrai, dans quelques heures je n'aurai plus rien à craindre de lui. Epiez l'instant où il sortira de son appartement , et entrez-y pour saisir tous ses papiers , et me les remettre ; il est très - important que l'on ne trouve rien chez lui qui puisse nous compromettre. Quant à Diana son arrêt est prononcé ; elle subira le sort de D. Sanche.

L É O N O R E.

Quoi, Seigneur , vous voulez aussi faire périr Diana ?

M O N C A L D E.

Je l'ai résolu , et c'est moi - même qui lui ai porté ce matin des alimens.

L É O N O R E, *à part.*

O mon Dieu! si elle y a touché elle est morte.

M O N C A L D E.

Maintenant j'ai à m'occuper de la cérémonie de mon mariage. La duchesse d'Olmas arrivera bientôt avec D. Alvar son fils. Trouvez - vous à son passage , Léonore , et recevez-là avec tous les honneurs dûs à la nouvelle épouse de votre maître. Allez. *Léonore sort. D. Sanche paraît.*

SCENE IV.
MONCALDE, D. SANCHE.

D. SANCHE.

Me direz-vous, monsieur, pour quelle raison vous manquez à la parole que vous m'avez donnée, de rendre la liberté à Diana.

MONCALDE.

J'ai changé de résolution, Diana restera dans le souterrain.

D. SANCHE.

Perfide, est-ce là ce que vous m'avez promis?

MONCALDE.

Je ne croyais point avoir affaire à un traître, qui, au lieu d'épouser cette femme selon nos conditions, voulait la tirer de sa prison pour la remettre à dom Pèdre.

D. SANCHE.

Qui vous a dit?...

MONCALDE.

Je sais tout; caché dans le souterrain, j'ai entendu votre conversation. La vue d'un enfant dont vous ignoriez comme moi, l'existence a fait taire votre amour, et vous a inspiré l'idée de me tromper pour la sauver. J'ai prévenu vos desseins, et l'entrée de cette prison est à jamais fermée pour vous.

D. SANCHE.

Monstre, dont rien ne peut égaler la férocité, penses-tu donc que je souffrirai plus long-tems que tu opprimes ces deux intéressantes créatures?

MONCALDE.

De quel droit prétendriez-vous m'en empêcher?

D. SANCHE.

Du droit que me donne la connaissance de tes forfaits, que je vais à l'instant publier, si tu ne me promets de remettre Diana et sa fille entre mes mains aujourd'hui même.

MONCALDE.

Tu oublies donc que tu es de moitié dans ce que tu appelles mes forfaits, et que tu ne peux les dévoiler sans t'accuser toi-même.

D. SANCHE.

Je t'ai secondé en effet, lorsque j'ai cru ton épouse coupable. Maintenant que je connais son innocence et ta barbarie, je la sauverai aux dépends même de ma vie.

MONCALDE.

Quoiqu'il puisse arriver, ta mort précédera la mienne.

(25)
D. SANCHE.

Non pas, misérable, car tu la recevras de ma main ; trouves-toi dans une heure au parc, et du sort de nos armes dépendra celui de l'infortunée dont j'embrasse la défense.

MONCALDE.

Dans une heure ?... tu n'existeras plus.

D. SANCHE.

Crois-tu l'emporter sur mon courage et mon indignation ?

MONCALDE.

J'ai prévenu les effets de ta fureur, et le poison circule dans tes veines.

D. SANCHE.

Ciel ! Qu'entends-je ! Il serait possible !

MONCALDE.

Le lait que tu as pris ce matin était empoisonné, apprends comme je punis ceux qui me trompent, et meurs avec la certitude que Diana ne te survivra que de peu d'instants.

(*Il sort.*)

SCÈNE V.
D. SANCHE *seul.*

Le scélérat ! Il triomphe, et je vais périr, et c'est lorsque je touchais au moment de délivrer Diana... Je suis la cause de sa mort. Quelle fatalité s'est attachée à mes pas ! Un amour malheureux a fait 15 ans le tourment de ma vie, et quand je touche au moment de goûter quelque bonheur, de réparer mes fautes par une action honorable ; la mort m'est donnée par le plus exécrable des hommes. Il faut que je dévoile sa conduite... Vengeons l'humanité par le châtiment du perfide. Profitons des derniers momens qui me restent pour faire ces révélations importantes, quelqu'un vient, qui que ce soit, il faut parler.

SCÈNE VI.
D. SANCHE, MELCADOS.

MELCADOS.

Seigneur dom Sanche, je vous cherche par-tout pour vous dire que la duchesse d'Olmas vient d'arriver ; elle a demandé à vous voir, monseigneur lui a dit que vous n'aviez point encore paru de la journée.

D. SANCHE.

Melcados, conduisez-moi vers la duchesse, j'ai une importante déclaration à lui faire.

MELCADOS.

Monsieur, auparavant, je voudrais bien vous conter quelque chose que j'ai appris.

D. SANCHE.

Malheureux, je ne veux rien savoir.

MELCADOS.

Monsieur, c'est qu'il faut que vous sachiez que Léonore...
Pour couper au court, il faut vous dire que je soupçonne...

D. SANCHE, *à lui-même.*

Comment ai-je pu prendre moi-même...

MELCADOS.

Monsieur ne me fait pas l'amitié de m'entendre.

D. SANCHE.

Maudite soit la main qui a posé près de moi ce vase funeste.

MELCADOS, *à part.*

Aye, aye, il parle je crois de la tasse que j'ai cassée ce
matin dans sa chambre.

D. SANCHE.

Sais-tu quel est le domestique qui est entré chez moi ce
matin.

MELCADOS, *à part.*

Bon, il ne m'a pas vu. *Haut.* Non, seigneur, je ne sais pas
qui c'est. Est - ce que vous n'avez pas trouvé bon votre
lait. . . . .

D. SANCHE.

Misérable ? serais-tu complice de ce crime.

MELCADOS.

Comment, monsieur, complice... Un instant, orientons-
nous, je ne suis complice de personne ; j'ai cassé un superbe
vase de porcelaine, plein de lait, c'est vrai, mais ce n'est
pas là un crime, j'en ai été chercher un autre que j'ai remis
à la place, et voilà tout le mal que j'ai fait.

D. SANCHE.

Comment, que dis tu ? Tu as brisé...

MELCADOS.

Pour couper au court, v'la ce que c'est : je suis entré dans
votre chambre à coucher pour vous demander si vous mon-
teriez à cheval ce matin, mais vous dormiez, et je n'ai pas
voulu vous éveiller parce que...

D. SANCHE.

Au fait donc...

MELCADOS.

Il faut vous dire que je m'orientais pour sortir sur la pointe
du pied, lorsque j'ai heurté avec mon coude une tasse de
lait qui était sur la cheminée, elle est tombée sur le parquet,
et s'est cassée en dix à douze morceaux, ce qui n'est pas
très-étonnant.

D. SANCHE.

S'il était possible !

MELCADOS.

J'oubliais de vous dire que le lait s'est répandu ; je tremblais

que le bruit ne vous eût réveillé et que vous ne me gron-
dassiez de ma mal-adresse. Heureusement, vous n'ouvrites pas
les yeux. J'eûs le tems de réparer le dégat, d'aller chercher
une autre jatte de lait , de la remettre à la même place et
de m'enfuir à toute bride , car vous vous éveilliez comme je
sortais.

D. SANCHE.

O Dieu ! je ne suis point empoisonné.

MELCADOS.

Empoisonné !...

D. SANCHE.

Cher Melcados , ta mal-adresse m'a sauvé la vie. Tiens ,
prends cette bourse. Je né bornerai pas là ma reconnaissance.
Ta fortune est faite , mais il n'y a pas un instant à perdre.
Moncalde me croit mort à présent. Profitons du moment ,
il faut que je sorte du château sans être reconnu ; Melcados,
conduis-moi à ta chambre , tu me prêteras tes habits , j'irai
seller un cheval moi-même , et je partirai sur-le-champ
pour Madrid , où je vais dévoiler au roi l'infâme conduite
de Moncalde.

MELCADOS.

Ah , mon Dieu ! quel évènement ! J'ai fait là une mal-
adresse bien adroite !

D. SANCHE.

Viens , suis moi , j'entends du bruit. C'est la duchesse et
son fils. Il n'est pas tems encore de leur découvrir ce mystère.
Sortons de ce côté. (*Il sort avec Melcados.*)

SCÈNE VII.

La Duchesse d'OLMAS , D. ALVAR , suite de la Duchesse.

D. ALVAR.

En vérité , ma mère , cette aventure est fort étonnante ?

LA DUCHESSE.

En effet , comment ai-je pu trouver ici le portrait de mon
frère , de dom Pédre , dont je n'ai aucune nouvelle depuis
15 années.

D. ALVAR.

Vous ne m'avez pas dit comment ce médaillon s'est offert
à vos regards.

LA DUCHESSE.

En traversant le jardin , je réfléchissais à l'engagement
solemnel qui va bientôt unir mon sort à celui du comte de
Moncalde, lorsque passant auprès d'un rocher d'où sort une
cascade , je vis sortir de l'eau , quelque chose de brillant et
de coloré , qui fut jetté sur le gazon auprès de moi ; je m'ap-
prochai , et ma surprise fut extrême en appercevant que ce
corps étranger était un portrait peint en émail et entouré
d'améthystes. Je pris cette miniature , mais , quel fut mon

4

étonnement en y reconnaissant dom Pèdre, votre oncle; dans ce moment, j'entendis du bruit, je mis précipitamment ce portrait dans mon sein, et je revins vous trouver en formant les plus singulieres conjectures.

D. ALVAR.

Ceci cache quelque mystère que je serais bien curieux de découvrir. Etez-vous assurée de la pureté du cœur de Moncalde ?

LA DUCHESSE.

Mon fils, le choix qu'en a fait votre mère aurait dû vous interdire une pareille question.

D. ALVAR.

Oh ? pardonnez-la moi, mon excellente mère : la crainte que le bonheur de vos jours ne soit troublé a pu seul me la suggérer. Je sens que rien n'arrêterait mon courroux si le moindre soupçon pouvait atteindre celui que vous daignez prendre pour époux.

LA DUCHESSE.

Modérez, D. Alvar, cette vivacité, elle vous entraine quelque fois trop loin. . . .Quelqu'un vient, c'est le comte.

SCÈNE VIII.

LA DUCHESSE, D. ALVAR, MONCALDE, paré.

MONCALDE.

Enfin, mon aimable duchesse, je puis me livrer tout entier au bonheur de cette journée. Vous allez recevoir aux pieds des autels les sermens que je prononcerai de vous adorer toute ma vie, et de n'avoir d'autres soins désormais que ceux d'assurer votre félicité.

LA DUCHESSE.

Moncalde, c'est un mariage de convenance plutôt que d'amour que nous allons former. D. Alvar, mon fils, va devenir le vôtre; puisse-t-il retrouver en vous la tendresse d'un pére dont la mort la privé dès ses plus jeunes ans.

MONCALDE.

N'en doutez pas, madame; partager ma vie entre vous et lui, voilà le seul bonheur auquel j'aspire, et je brûle d'acquérir le droit de l'appeller mon fils. Permettez que mes vasseaux impatiens de se livrer à la joie que leur inspire un aussi beau jour viennent vous offrir les hommages que vous méritez.

D. ALVAR.

Je vais les faire entrer.

(Il va au fond, et fait signe aux danseurs d'entrer :

SCÉNE IX.

Les mêmes, LEONORE, MELCADOS, Danseurs, etc.

FÈTE. (*Le Comte et la Duchesse se placent sur un sopha, Alvar est à côté d'eux*).

SCÈNE X.

Les mêmes, UN PAGE.

LE PAGE.

Monseigneur le comte de Moncalde.

MONCALDE.

Que me veut-on ?

LE PAGE.

Veuillez me suivre, monseigneur ; j'ai ordre du roi de vous amener sur-le-champ près de lui, pour y rendre compte de votre conduite.

LA DUCHESSE et D. ALVAR.

Qu'entends-je !

MONCALDE.

Ma conduite est exempte de reproches ; et je puis vous suivre sans crainte.

LE PAGE.

Sa majesté est à une lieue d'ici à un rendez-vous de chasse ; D. Sanche qui l'a rencontrée allant à Madrid, est en ce moment près du roi qui veut vous parler en sa présence.

MONCALDE.

D. Sanche !..

MELCADOS, *à part*

Cela le surprend.

D. ALVAR.

Il est confondu, c'est un coupable.

MONCALDE, *à part.*

D. Sanche chez le roi : je suis perdu ! (*à la duchesse*). Pardon, madame, si je vous laisse, veuillez ne former aucun soupçon défavorable sur moi, avant que je ne me sois pleinement justifié ; ce ne sera pas difficile, et mon retour vous prouvera mon innocence. Je vous suis, monsieur. (*à Léonore*). Si tu dis un mot, ta mort est assurée.

(*Il sort*).

SCÈNE XI.

LES MÊMES, excepté Moncalde.

D. ALVAR.

Eh bien, ma mère avais-je tort de témoigner des doutes sur cet homme ?

LA DUCHESSE.

Il n'est point jugé, mon fils ; nous ne savons pas même de quoi on l'accuse.

(*Léonore va pour sortir, Melcados l'arrête*).

MELCADOS.

Un petit moment, dame Léonore ; vous avez quelque chose à nous dire. Madame la duchesse, interrogez cette femme ; je vous réponds qu'elle sait tout. Quant à moi, je vous dirai pour couper court, que sans moi D. Sanche était empoisonné ce matin de la main de monseigneur.

LA DUCHESSE.

Se peut-il ? ô ciel !

D. ALVAR, *à Léonore.*

Approchez-vous, et parlez. Je vous déclare que si vous niez la vérité, vous allez être livrée à toute la rigueur de la justice

LÉONORE, *se jettant aux pieds de la Duchesse.*

Ah ! madame, je vais tout vous révéler ; mais j'implore d'avance votre clémence ; songez que je n'ai fait qu'obéir aux ordres d'un maître absolu.

LA DUCHESSE.

Soyez sincère, et je vous promets que votre punition se réduira à quitter ce château ; que même vous en serez renvoyée sans éclat, et que vous pourrez emporter avec vous tous les dons de votre maître ; mais souvenez-vous que je serai sans pitié si vous employez le moindre déguisement.

LÉONORE

Non, madame, vous saurez tout.

LA DUCHESSE.

Eh bien, parlez...

LÉONORE.

Vous avez connu Diana de Mendoce, première femme de monseigneur...

LA DUCHESSE.

Ciel ! aurait-il causé sa mort ?

LÉONORE.

Non, madame, elle n'a point péri, elle est ici.

LA DUCHESSE.

Dans ce château ?

LÉONORE.

Oui, madame ; et depuis quinze ans, elle gémit dans des souterrains que personne ne connaissait.

LA DUCHESSE.

Seule, depuis ce tems !

LÉONORE.

Avec une fille à laquelle elle a donné le jour, peu de tems après son entrée dans cette prison.

D. ALVAR.

Donnez-moi vos clefs ; guidez-nous : courons délivrer ces intéressantes victimes.

LÉONORE.

Cette nuit même, Moncalde a fait murer la porte des souterrains.

D. ALVAR.

Appellons tous les domestiques ; qu'on me donne une hache, je veux que les murs tombent sous mes coups.

LA DUCHESSE.

Un moment, mon fils; songez qu'avec une telle préci-
pitation, vous pourriez leur causer une révolution funeste.
Il faut les préparer.

D. ALVAR.

Eh bien, qu'une voix connue lui annonce ce grand changement, que ce soit la vôtre.

LÉONORE.

Voici l'heure où depuis quelque mois, je lui porte ordi-
nairement sa nourriture.

D. ALVAR.

Saisissons ce moment . . . Mes amis, venez avec nous
délivrer la malheureuse Diana de Mendoce.

MELCADOS.

Je vais avec vous, Seigneur Alvar.

LA DUCHESSE.

Non, restez ici, et veillez sur cette femme dont les témoi-
gnages pourront devenir très-nécessaires.

D. ALVAR.

Partons.

(*Tout le monde sort, excepté Léonore et Melcados*).

SCENE XII.
LÉONORE, MELCADOS.

MELCADOS.

Convenez, dame Léonore, que madame la duchesse est
bien bonne de borner votre punition à l'aveu de vos fautes,
et que vous n'aviez pas trop lieu d'espérer que ça se passe-
rait comme ça.

LÉONORE.

Si un sincère repentir et de vifs remords peuvent mériter
le pardon des fautes qu'on a commises, personne plus que
moi n'a droit à l'indulgence.

MELCADOS.

Il est tems de se repentir au bout de quinze ans. Au reste,
il vaut mieux tard que jamais. Vous voyez bien que je n'avais
pas si tort quand je vous questionnais. Il faut pourtant que
vous sachiez que je ne savais rien, mais, ce n'était pas trop
bête de vous faire jaser, en ayant l'air d'être instruit.

LÉONORE.

Je sais que je suis bien coupable de m'être prêtée à l'horrible vengeance de Moncalde; mais je puis jurer que sans
moi D. Diana n'existerait plus depuis long-tems. Il y a plus
de dix ans que le comte avait résolu sa mort. Vingt fois il a
porté lui-même des alimens empoisonnés à sa malheureuse
captive, mais avertie par moi de ne jamais prendre que ceux
que je lui porterais moi-même, elle a vecu en dépit de son
cruel persécuteur; et tout-à-l'heure encore je l'ai empêchée

de prendre un panier contenant des provisions qu'il lui avait apportées.

MELCADOS.

Ceci me racommode un peu avec vous.

LÉONORE.

Mon intention était, si le comte eut quitté cette terre, d'abandonner l'Espagne, et d'écrire à madame la duchesse ce qu'on vient de découvrir. J'ai eu soin depuis quelque tems de donner à la prisonnière une grande quantité de vivres ; je suis sûre qu'on en trouvera dans le souterrain pour plus de six mois. Je n'ai jamais osé faire une déclaration juridique, je redoutais de perdre le comte et de me perdre moi-même avec lui.

MELCADOS.

Ce récit là parait sincère ; mais il faut convenir que vous faisiez-là un vilain métier.

SCENE III.

Les mêmes, ALVAR.

ALVAR.

Les voilà, les voilà ; mais la surprise, la joie les a affaiblies. Alphonsine sur-tout qui n'a jamais vu que son triste souterrain, n'a pu supporter la lumière du jour : on a été obligé dela couvrir d'un voile ; c'est dommage, car elle est charmante. Melcados, baissez les jalousies, et approchez des siéges.

SCENE IV.

Les mêmes, LA DUCHESSE, DIANA, ALPHONSINE, *couverte d'un voile*.

LA DUCHESSE.

Appuyez-vous sur moi, chère amie.

DIANA.

Que vous êtes bonne ! Mon Alphonsine, reposes-toi.

ALPHONSINE.

Je suis bien, maman : cette grande lumière seule m'a fait mal.

ALVAR.

On en a adouci la clarté. Levez votre voile, belle Alphonsine ! (*Diana leve le voile*).

ALPHONSINE.

Je commence à distinguer mieux. O ma mère, est-ce bien toi que je vois, que je touche ?

DIANA.

Oui, mon Alphonsine, c'est moi qui te presse contre mon cœur.

ALPHONSINE.

Que je suis heureuse !

D. ALVAR.

Sa candeur égale sa beauté.

DIANA.

Mais je reviens à peine de ma surprise. Comment sommes-nous libres ; ? Où est Moncalde ?

LA DUCHESSE.

Vous saurez, Diana, comment nous avons découvert que vous languissiez captive dans ce château, et comment votre persécuteur a été démasqué au moment où j'allais unir ma destinée à la sienne, croyant que vous n'existiez plus. (*montrant Léonore*). Cette femme qui seule connaissait cet horrible mystère. . .

DIANA.

Léonore ! c'est à elle que je dois la vie ; elle a conservé mes jours et ceux de mon Alphonsine. Une reconnaissance éternelle...

LÉONORE, *se jettant aux genoux de Diana.*

Ah ! madame, punissez-moi d'avoir trempé dans ce crime affreux ; j'ai mérité tout votre courroux, et je ne me plaindrai pas d'en ressentir les effets.

DIANA.

Relevez-vous, Léonore ; je ne me souviens que des soins que vous avez pris de notre existence.

ALPHONSINE.

Tu as raison, maman, nous lui devons bien de la reconnaissance.

LA DUCHESSE.

Aimable enfant !

DIANA.

Est-il vrai que l'infortuné D. Sanche ait été victime de son dévouement pour nous ?

D. ALVAR.

Non, madame, un hasard heureux l'a fait échapper à la vengeance de Moncalde.

MELCADOS.

Oui, madame, c'est moi qui suis ce hasard là. Si vous voulez permettre, je m'en vas vous conter comment ça s'est fait.

LA DUCHESSE.

Dans un autre moment.

MELCADOS.

Ça sera fait tout de suite, je vais couper au court. . . . . . D'abord il faut vous dire. . .

D. ALVAR.

Allons, tais-toi, bavard.

MELCADOS.

Je me tais, Monseigneur.

LA DUCHESSE.

D. Sanche est en ce moment auprès du roi. Moncalde a été mandé par sa Majesté, et nous ne tarderons sans doute pas à apprendre qu'il a reçu le prix de ses forfaits.

DIANA.

Généreux D. Sanche ! que je suis heureuse d'apprendre qu'il existe.

D. ALVAR, *à la duchesse.*

Vous devinez maintenant, ma mère, d'où sortait le portrait que vous avez trouvé.

DIANA, *à la Duchesse.*

Serait-ce ? . .

LA DUCHESSE, *Montrant le Portrait.*

Ce médaillon dans le jardin près du rocher Les traits qu'il retrace m'ont vivement frappée, et je les retrouve tous dans la figure charmante de votre Alphonsine.

DIANA.

Vous savez à présent quel est son père.

LA DUCHESSE.

Tenez, Alphonsine, je vous rends cette image de l'auteur de vos jours.

ALPHONSINE.

Je vais la mettre sur mon cœur, elle ne me quittera jamais.

MELCADOS

Mesdames, mesdames, voici D. Sanche, il n'a pas perdu de tems.

SCENE XV.

Les Mêmes, D. SANCHE.

D. SANCHE.

Diana ! Alphonsine ! Vous existez ! O Dieu, je bénis ta justice... Je quitte à l'instant le Roi ; je lui ai dévoilé les forfaits de Moncalde. Le Roi, d'abord indigné, l'a fait paraître devant lui, et l'a accablé des plus cruels reproches ; mais le traître a commencé sa défense par une dénégation formelle. Il a juré qu'il ignorait entièrement ce que vous étiez devenue, il a poussé l'audace jusqu'à dire que l'on pouvait visiter toutes ses habitations, et qu'il se soumettait à tout, si l'on découvrait la moindre trace du crime dont on l'accusait... Le croirez-vous ! Le Roi s'est laissé entraîner aux protestations de son innocence. Il a dit que sa justification paraissait sincère, et que les accusateurs seraient punis, s'ils avaient fait une fausse déclaration. Moncalde est sorti triomphant ; je restais confondu, et tous ceux qui entouraient le souverain partageaient ma surprise, lorsqu'après quelques momens de silence, sa majesté s'écria, si pourtant il était coupable, oui, Sire, lui dis-je, en me jettant à ses pieds ; il est coupable ! C'est le tigre le plus féroce que vous venez de laisser échapper, et si ses malheureuses victimes respirent encore, leur mort va le venger de ma dénonciation, et vous faire repentir d'avoir cru trop tard qu'il était criminel... Dans ce moment Dazeli votre ancien page, qui est maintenant au service de sa Majesté, entra, et confirma le Roi dans ses soupçons, en lui apprenant que Moncalde fuyait égaré, éperdu ! Qu'on vole à sa poursuite, s'est écrié le monarque, et qu'il soit fait justice de cet atroce scélérat. D. Sanche, a-t-il ajouté, retournez au château où languissent ces victimes. Qu'elles partent sur-le-champ pour Madrid, où je vais me rendre. Je veux que mes bienfaits les dédommagent des maux affreux qu'elles ont soufferts ; je reviens ; je vous trouve jouissant de la vie et de la liberté. O Diana ! Votre bonheur égale à peine le mien !

D I A N A.

Généreux D. Sanche, que ne vous dois-je pas ?

D. S A N C H E.

Mais, Moncalde n'est point arrêté, craignons tout encore de sa vengeance. Il faut quitter à l'instant cet odieux séjour, et vous rendre aux desirs du Roi.

D. A L V A R.

Il n'y a pas un moment à perdre, nous vous accompagnerons. Melcados fait tout préparer pour le départ.

M E L C A D O S.

Ça ne sera pas long, j'y cours.

L A D U C H E S S E.

Vos malheurs sont finis, et le ciel permettra, sans doute que nous revoyons un jour le père de votre Alphonsine, si mon frère existe, nos recherches parviendront à le découvrir.

D I A N A.

Ah ! Rien ne manquerait plus à ma félicité.

A L P H O N S I N E.

Partons, maman, car si Moncalde revenait, je meurs de peur qu'il ne nous renferme encore dans notre monde souterrain. Depuis que j'ai vu celui-ci, je ne veux plus le quitter.

L A D U C H E S S E.

Et pourtant vous n'avez rien vu encore.

D I A N A.

C'est lorsque tu auras vû le ciel que ton admiration sera au comble. *Alvar fait un signe. Les portes du fond s'ouvrent, et laissent voir les jardins. Etonnement d'Alphonsine. Les paysans arrivent des guirlandes et des fleurs à la main ; ils forment un grouppe autour d'Alphonsine et de Diana. Tableau. Le rideau se baisse.*

Fin du Second Acte.

5

ACTE III.

Le théâtre représente l'intérieur d'un jardin anglais. A gauche, une grille donnant sur le grand chemin. Sur la droite, un pavillon auprès une petite porte donnant sur un parc.

SCÈNE PREMIERE.

DOLZI, *vêtu d'habits sérieux, ayant une longue barbe, appuyé sur un gros bâton. Diégo le suivant.*

DIÉGO.

Monsieur est aujourd'hui plus triste qu'à l'ordinaire.

DOLZI.

Oui, des souvenirs cruels m'affectent vivement. J'ai toujours devant les yeux son image !

DIÉGO.

Monsieur a des chagrins. . . S'il me les communiquait, je pourrais peut-être. . .

DOLZI.

Personne ne les saura jamais.

DIÉGO.

Il n'y a pas long-tems que j'ai l'honneur d'être au service de monsieur, aussi je n'insiste pas. Mais lorsque je serai mieux connu, je suis persuadé que monsieur ne me refusera pas sa confiance.

DOLZI, *séchement.*

Je vous préviens, monsieur Diégo, que les curieux me fatiguent et me déplaisent.

DIÉGO.

Pardon, monsieur, mon zèle seul a causé mon indiscrétion.

DOLZI.

Avez-vous fait la commission dont je vous ai chargée.

DIÉGO.

Oui, monsieur, j'ai selon vos ordres, pris des informations sur cette pauvre famille, ce sont des gens vertueux et qui méritent vos bienfaits.

DOLZI.

Je ne veux pas qu'il y ait dans mes terres un seul infortuné. Vous leur porterez demain des secours.

DIÉGO, *à part.*

Avoir l'air si dur, et être si bon !

DOLZI.

Que dites-vous.

DIÉGO.

Rien, Monsieur, je vous admire...

DOLZI.

Point de flatteries , je ne les aime pas.

DIÉGO.

Quand on les mérite !

DOLZI.

Faire bien , n'est que remplir son devoir.

DIÉGO.

Si peu de gens remplissent le leur.

DOLZI.

Il suffit. Je sors un moment pour me promener dans mon parc. Si quelque voyageur demande un asyle , vous savez mes intentions.

DIÉGO.

Je les recevrai de mon mieux. Il n'en manque pas ici , depuis que l'on connait votre hospitalité ; mais ce qui les étonne tous , c'est qu'un hôte aussi généreux , aussi humain , soit en même-tems si sauvage , et qu'on ne puisse au moins le voir pour le remercier.

DOLZI.

J'ai mes raisons. A mon retour , je vous donnerai quelques ordres. (*Il gagne lentement la petite porte , tire sa clef, l'ouvre , et sort sans la refermer*).

SCENE II.

DIÉGO, *seul.*

Le singulier homme que ce monsieur Dolzi ; ils appellent cela , je crois , un misantrope. On ne sait que penser de cet homme-là. Au reste , il est bon maître , généreux , d'un service facile ; je n'ai ici que la peine de faire les honneurs. ma condition est fort agréable. (*Il s'en va en réfléchissant du côté de la grille*).

SCÈNE III.

DIÉGO , MONCALDE , *entrant par la petite porte : il est pâle , égaré , ses vêtemens en désordre.*

MONCALDE.

Auront-ils perdu ma trace. . . Je l'espère , si je pouvais me cacher ici.

DIÉGO, *se retournant.*

J'entends du bruit, je crois. Eh , mon Dieu ! un étranger... Quelle figure , c'est un voleur peut-être. . . Appellons.

MONCALDE.

Mon ami. Au nom du Ciel , ne me trahissez-pas.

DIÉGO.

Par où êtes vous entré !

MONCALDE.

Par cette porte que j'ai trouvée ouverte.

D I É G O.

Mais le parc est entouré par-tout de murailles très-hautes.

M O N C A L D E.

Je les ai franchies.

D I É G O.

Qui êtes vous donc ! tout cela ne me rassure pas beaucoup !

M O N C A L D E.

Je suis un voyageur, j'ai été attaqué par des brigands, ils m'ont volé, je n'ai eu que le tems de fuir pour sauver ma vie ; accordez-moi un asyle au moins pour cette nuit !

D I É G O.

Je ne puis vous le refuser. Vous serez ici en sûreté, et vous pourrez y rester huit jours : c'est le terme d'usage. Au bout de ce tems, vous continuerez votre route, à moins que vous ne soyez malade ; alors, nous vous garderons jusqu'à ce que vous soyez en état de partir.

M O N C A L D E.

Vous me rendez l'existence ! Homme généreux ! puis-je savoir du moins à qui je dois un si grand bienfait.

D I É G O.

Je ne suis point le maître de la maison, je n'en suis que l'intendant ; mais je connais les intentions de monsieur, et je m'y conforme.

M O N C A L D E.

Quel est donc votre maître ?

D I E G O.

Je ne sais ni qui il est, ni d'où il vient. Le bruit court qu'il est italien, qu'il se nomme Dolzi ; mais c'est peut-être un nom supposé. Le fait est qu'il n'a pas de plus grand plaisir que d'être utile. Il a acheté cette terre il y a quinze ans. Depuis ce tems, aucun des habitans du village ne l'a vu, mais il s'est fait connaître d'eux par sa bienfaisance ; imaginez qu'il prévient leurs besoins, qu'il veille sur eux comme un père. Il a ici un chirurgien qu'il envoie jusqu'à six milles à la ronde, soigner les pâtres isolés de ces landes. Il a dans son château un hospice fondé pour six pauvres vieillards et une école de charité pour tous les enfans des environs ; aussi on l'aime, on le bénit !

M O N C A L D E.

Et il y a quinze ans qu'il habite ce château ! Si c'était !.. quel soupçon !... et quel est son âge à peu près.

D I E G O.

Son âge, oh ! ma foi, je ne le sais pas au juste ; mais il a bien soixante... ou soixante et dix ans.

M O N C A L D E.

Alors ce n'est pas cela... L'époque, cependant !... Oh, l'âge est trop différent.

D I E G O.

Est-ce que vous croiriez le connaître.

MONCALDE.

Non, non, mon ami. Je m'abusais. Vous voulez donc bien me recevoir ; mais si vous me présentiez à votre maître...

DIEGO.

Vous présenter à lui. Ah bien oui ! Il ne voit personne, vous dis-je ; il est sauvage, mélancolique. Le chirurgien qui est très-savant, dit que c'est un misantrope, et que c'est une maladie dont il ne peut pas le guérir.

MONCALDE.

Cette homme aura eu des chagrins.

DIEGO.

Oui, et je me suis toujours douté que c'était là ce qui le rendait triste.

MONCALDE, *souriant.*

Je le crois comme vous.

DIEGO.

Mais je vous fais causer. Vous avez peut-être besoin de repos : entrez dans ce pavillon, je vais vous y envoyer un domestique qui pourvoira à tous vos besoins.

MONCALDE.

Je vous remercie. (*Il entre dans le pavillon*).

DIEGO.

Je ne sais, si je me trompe, mais cet honnête homme-là me paraît avoir la figure d'un coquin ! Oh, nous ne le craignons pas. Nous sommes ici en force et je vais...

SCENE IV.

DIEGO, MELCADOS, *arrivant par la grille il est botté, éperonné, le fouet à la main.*

MELCADOS.

Ah, mon cher monsieur, je vous en prie, indiquez-moi quelqu'un à qui je puisse parler.

DIEGO.

Mais me voilà, monsieur, tout prêt à vous écouter, et à vous répondre. Qui êtes-vous, que voulez-vous ?

MELCADOS.

Il faut vous dire que je suis écuyer, mon cher monsieur, et peut-être un des meilleurs écuyers de vingt lieues à la ronde.

DIEGO.

Je vous crois.

MELCADOS.

J'ai appris l'équitation à Madrid au manège du fameux Jean Pérès. Personne ne conduit un cheval avec plus de grace, et ne mène une voiture avec plus d'adresse que moi.

DIEGO.

Au fait.

MELCADOS.

Au fait. Je viens de verser à deux pas d'ici la voiture de ma maîtresse.

DIEGO

Ah, ah ! monsieur le meilleur écuyer de vingt lieues à la ronde, vous n'avez pas fait là preuve d'adresse.

MELCADOS.

Au contraire.

DIEGO.

Comment verser une voiture...

MELCADOS.

Nous allions ventre à terre ; parce qu'il faut vous dire que nous sommes très-pressés : nous allons à Madrid pour une affaire très-importante ; le roi veut nous parler ; mais il ne s'agit pas de cela. Vous saurez donc que j'ai le talent de m'orienter parfaitement ; or, pour couper au court, je n'ai point voulu suivre la grande route, et il est arrivé, je ne sais comment, qu'après avoir fait quatre ou cinq mille de trop à travers champs, je me suis enfin complettement égaré.

DIEGO.

C'était le cas de vous orienter.

MELCADOS.

Sans doute. J'ai apperçu votre château ; j'ai dit : voilà une habitation, on nous indiquera le chemin : tournons de ce côté ; mais en voulant couper au court, une maudite borne qui est, je ne sais pourquoi, au détour du chemin, a a brisé notre roue et renversé notre voiture. Mes chères maîtresses heureusement n'ont point été blessées ; elles m'envoient vous demander la permission d'entrer ici, pendant qu'on va réparer la voiture, et elles attendent votre réponse avec la plus grande impatience.

DIEGO.

Courez donc les chercher : quoi vous les laissez dehors, et seules.

MELCADOS.

Oh, elles ne sont pas seules. Deux cavaliers les accompagnent.

DIEGO.

On les recevra ici avec le plus grand plaisir.

MELCADOS, *s'asséyant.*

Je vais aller bien vite leur annoncer cette nouvelle, car elles sont fort inquiètes : notre jeune personne surtout meurt de peur : c'est qu'il faut que vous sachiez....

DIEGO.

Il faut, je crois, que vous alliez les chercher sur-le-champ.

MELCADOS.

Oui, oui, c'est une histoire qu'il serait trop long de vous conter à présent ; mais pour couper au court...

DIEGO, *le poussant par les épaules.*

Ah, parbleu, pour couper au court, je n'écoute plus
rien.

MELCADOS, *sortant.*

Je vous conterai cela en revenant.

SCÈNE V.

DIÉGO *seul.*

L'impitoyable bavard ! parbleu, je plains également et
ceux qui sont obligés de l'entendre et ceux qui se fient au
soin d'un pareil écuyer. Mais voici ses maîtres.

SCÈNE VI.

DIANA, ALPHONSINE, LA DUCHESSE, D. SANCHE, D. ALVAR, DIEGO, MELCADOS.

DIEGO.

Entrez. mesdames, vous trouverez ici tout ce que vous
pouvez désirer. Il parait que votre accident n'a point été
dangereux.

LA DUCHESSE.

Non, monsieur ; et il est fort heureux pour nous qu'il ne
nous soit pas arrivé plus loin, puisque nous recevons ici
un accueil aussi obligeant.

MELCADOS.

Je vais chercher au village voisin des ouvriers pour . . .

DIEGO.

C'est inutile. Nous avons ici tous les gens qui vous seront
nécessaires.

MELCADOS.

Tant mieux, cela coupera au court.

D. SANCHE.

Une autre fois, Melcados, vous voudrez bien suivre mes
ordres, et ne pas vous orienter de vous-même.

MELCADOS.

C'est qu'il faut vous dire. . .

D. ALVAR.

Non, je crois qu'il faut avant tout réparer votre sottise.

MELCADOS.

J'y vais, monseigneur.

SCENE VII.

LES MÊMES, hors Melcados.

LA DUCHESSE.

* Eh bien, ma chère Diana, êtes-vous remise de votre
frayeur.

DIANA.

Je n'en ai eu que pour Alphonsine.

ALPHONSINE.

Et moi, maman, que pour toi ; mais as-tu remarqué avec quel empressement D. Alvar nous a secourues ! Quelle inquiétude il éprouvait !

D. ALVAR.

Moi, j'aurais, je crois, passé mon épée en travers du corps de Melcados, si vous aviez eu la moindre blessure.

DIANA

Il faut lui pardonner.

DIEGO.

Mesdames, si vous désiriez vous reposer ; je puis vous offrir plusieurs appartemens.

DIANA.

Que de bontés. Mais, monsieur, pourrions-nous savoir chez qui nous sommes si bien reçus.

DIÉGO.

Chez un vieillard très-respectable, très hospitalier, mais fort peu galant, et qui vous dispensera de toute reconnaissance ; car il ne voudra pas même vous voir.

LA DUCHESSE.

Voilà qui est singulier. Son nom.

DIEGO.

M. Dolzy.

LA DUCHESSE.

C'est un nom étranger. Nous respecterons ses volontés, et nous accepterons ses offres obligeantes..

DIEGO.

Si vous voulez **me suivre**, je vais vous conduire au château.

DIANA.

Volontiers, monsieur.

ALVAR.

Voulez-vous accepter mon bras, madame.

ALPHONSINE.

Non, non. Maman appuies-toi sur moi. Monsieur, c'est moi seule qui veux soulager ma mére.

ALVAR, *à D, Sanche,*

Elle est charmante.

(*Ils sortent*).

SCENE VIII.

LES MÊMES , MELCADOS *à D. Sanche qui sort.*

MELCADOS.

Seigneur D. Sanche, on s'occupe de la voiture ; et dans une heure. . .

D. SANCHE, *sortant.*

C'est bon.

MELCADOS, *à Diégo qui suit la compagnie.*

Maintenant, monsieur, si vous voulez que je vous conte....

DIEGO.

Je n'ai pas le tems.

MELCADOS.

C'est qu'il faut que vous sachiez...   (*Diégo sort*).

SCENE IX.

MELCADOS.

Ils n'aiment point à causer ces gens-là ; j'ai pourtant bien
des choses à leur raconter, moi, qui sais tout, qui devine
tout. Il est vrai que je confonds quelquefois, et que je n'ai
pas beaucoup de mémoire ; mais avec quelle adresse je racommode tout cela. Je sais si bien m'orienter, et quand je
vois qu'une histoire est trop longue, je vous coupe au court.
Ah ! ah ! j'apperçois quelqu'un, c'est un vieillard : eh !
c'est, sans doute, le maître mystérieux de ce château ; parbleu, il me parlera, et je saurai...

SCENE X.

DOLZI, MELCADOS.

*Melcados se plante devant les pas de Dolzi, qui s'arrête ;
le fixe, et demeure immobile.*

DOLZY.

Eh quoi ! c'est...   (*Il se retient*).

MELCADOS.

Ah ! mon Dieu, je ne me trompe pas, c'est vous : vous,
ici, seigneur D. Pèdre.

D. PEDRE.

Tu m'as reconnu ! Silence...

MELCADOS.

Par quel singulier hasard, sous le nom de Dolzi! et avec
ce costume !

D. PEDRE.

Des raisons puissantes... restez, et répondez-moi.

MELCADOS.

Avec grand plaisir ; mais faut-il garder le secret sur votre
nom ?

D. PEDRE.

Sans doute.

MELCADOS.

C'est que je me pique de connaître mieux que personne les
usages, l'étiquette de tous les pays, et la manière de parler
aux grands seigneurs. Or, vous êtes bien espagnol ; mais
puisque vous voulez passer pour italien, je vous appellerai
Milord.

D. PEDRE.

Heureux expédient.

MELCADOS.

Mais , seigneur D. Pédre , tandis que . . .

D. PEDRE.

Eh bien !

MELCADOS.

Milord, dis -'je , tandis qu'on vous pleure à Madrid : quel bonheur pour nous de vous retrouver ici.

D. PEDRE.

Dites - moi , Melcados , ma sœur vit - elle encore ?

MELCADOS.

Oui , Milord.

D. PEDRE.

Et son fils.

MELCADOS.

D. Alvar est le cavalier le plus accompli de l'Espagne.

D. PEDRE.

Et. . . A- t - on eu quelques nouvelles ? . .

MELCADOS.

De D. Diana, je vous entends.

D. PEDRE.

Femme parjure ! . .

MELCADOS.

C'est qu'il faut vous dire que je sais. . .

D. PEDRE.

Qu'elle m'a trahi !

MELCADOS.

Ah , Votre Excellence ! pouvait - elle faire autrement ? Enfermée dans ce maudit souterrain !

D. PEDRE.

Enfermée dans un souterrain ! Elle n'est donc plus en France.

MELCADOS.

En France ! Monseigneur ignore donc ?

D. PEDRE.

Tout ! Dans cette solitude, depuis quinze ans , je n'ai eu avec le monde aucune communication.

MELCADOS.

Ah ! Monseigneur, que je vais vous apprendre de choses. Mais , il faut commencer par ordre. Or. Il y a quinze ans , on crut que D. Diana s'était enfuie avec Dazeli,, son page.

D. PEDRE.

Cette affreuse nouvelle pensa me donner la mort.

MELCADOS.

Point du tout. Ce coquin de comte de Moncalde l'avait enfermée dans un souterrain , où elle a vécu depuis ce tems avec sa fille. . . Mademoiselle Alphonsine , qui est née dans cette prison.

D. PEDRE.

Sa fille , sa fille! Grand Dieu , si du moins. . . Melcados , je vais vous faire la question qui m'intéresse le plus : la seule qui puisse m'intéresser. Promettez - moi d'y répondre avec exactitude.

MELCADOS.

Oui, Milord, si je le puis , sans trahir la confiance dont on m'honore.

D. PÈDRE.

Quel âge a au juste la fille de D. Diana , c'est une chose que vous devez savoir avec précision, quel âge a-t-elle?

MELCADOS.

Douze ans et demi.

D. PÈDRE.

Melcados , êtes-vous bien sûr qu'elle ne soit pas plus âgée ?

MELCADOS.

Monseigneur doit penser que je sais son âge comme le mien. Elle a Douze ans et demi.

D. PÈDRE *garde un moment le silence , et essuye ses larmes.*

Quel est donc son pére.

MELCADOS.

Oh! cela Milord. . .

D. PÈDRE.

Vous ne le savez pas.

MELCADOS,

Je le sais parfaitement , elle est fille de D. Sanche de Melèz.   D. PÈDRE *outré.*

Quel comble d'horreurs !

MELCADOS.

Monseigneur , c'est qu'il faut vous dire pour la justification de D. Diana , qu'elle est mariée avec D. Sanche : mais secrètement ! parce que. . .

D. PÈDRE.

Je n'en veux pas savoir d'avantage. Mon malheur est certain. Et j'ai pu l'aimer ! Melcados, je vous recommande le plus profond secret.

MELCADOS.

Monseigneur me connait, il est inutile de me le recommander.

D. PÈDRE.

Encore un mot. Où est-elle maintenant ?

MELCADOS.

Madame votre sœur.

D. PÈDRE.

Non. Diana!

MELCADOS.

Quoi , Monseigneur ! Votre Excellence ne sait pas que D. Diana et sa fille sont ici.

D. PÈDRE.

Ici ! Par quelle aventure !

MELCADOS.

C'est moi, en voulant m'orienter, une roue brisée. . .

D. PÈDRE.

Diana est ici ! . . Ne lui apprenez pas qui je suis , vous la couvririez de confusion !

MELCADOS.

Je me tairai, Milord : mais accordez - moi la faveur de vous entretenir encore. Je pourrai vous apprendre des particularités curieuses.

D. PÈDRE.

Non, je ne veux plus entendre parler d'elle, je la méprise autant que je la hais ! Mais sa fille ! Ah que je suis malheureux !

SCÈNE XI.

Les Mêmes, DIÉGO.

DIÉGO.

Ah, Monsieur, vous voici de retour. Nous avons des hôtes. . . Ce sont des voyageurs dont la voiture s'est brisée.

D. PÈDRE.

Je le sais : que rien ne leur manque , que l'on ait d'eux le plus grand soin. Melcados, retirez-vous, et souvenez-vous de ce que je vous ai recommandé !

MELCADOS.

J'ai l'honneur de saluer M. Dolzi. *Il sort.*

SCÈNE XII.

D. PÈDRE, DIÉGO.

D. PÈDRE.

Diégo, savez - vous quelles sont les personnes que vous avez reçues ?

DIÉGO.

Oui, Monsieur, la duchesse d'Olmas et son fils, D. Diana de Mendoce et sa fille, et un seigneur que l'on nomme D. Sanche.

D. PÈDRE.

D. Sanche est avec eux. Il n'en faut plus douter, le rapport de Melcados est vrai.

DIÉGO.

Monsieur connaît cet écuyer ? C'est bien le plus impertinent bavard.

D. PÈDRE.

En effet, et en même-tems le plus mal-à-droit. . . S'il avait pu se tromper ! Diégo. Il y va de la tranquillité de ma vie. Priez la jeune Alphonsine de se rendre ici sur-le-champ : il faut que je la voie , que je lui parle.

(45)

DIÉGO.

Mais , Monsieur , sa mère ne la quitte pas un instant.

D. PÈDRE.

Dites-lui que je l'exige. .. que je l'en supplie. Mais je ne
puis voir Diana! Cruelle femme! Que de mal tu m'as fait.
Vas, Diégo.

DIÉGO.

Mais , Monsieur , ce costume !

D. PÈDRE.

Pourrait effrayer cet enfant. Il est vrai. Je vais en prendre
un plus convenable.

DIÉGO.

Ah mon Dieu ! Dans tout cet embarras , j'ai oublié de vous
dire qu'il y a dans ce pavillon , un voyageur , qui a été attaqué dans la forêt, et qui demande à passer la nuit ici. Je
vais le prévenir qu'on va lui donner ce dont il aurait besoin.

D. PÈDRE.

Je reviens ici dans un quart - d'heure. Fais en sorte d'y
conduire Alphonsine. . . . . . . Je ne sais quel pressentiment
m'agite. Ah! puisse cette journée terminer quinze ans de
souffrances. *Il sort.*

SCÈNE XIII.
DIÉGO, MONCALDE.

DIÉGO.

Comme il est agité. Il y a là-dessous quelque chose d'extraordinaire. *Il ouvre le pavillon.* Seigneur. *Moncalde parait.*
Si vous avez besoin de quelque chose , vous avez une so-
nette qui avertira les domestiques du château. Mais , on ne
peut pas vous donner d'autre appartement que ce pavillon ,
parce qu'il vient de nous arriver beaucoup de monde.

MONCALDE.

Je suis très - bien ici. Je vous remercie.

DIÉGO.

Si vous vouliez , pour vous distraire , passer dans le salon
avec la compagnie.

MONCALDE.

Je préfère être seul.

DIÉGO.

Comme vous voudrez. Mais ce sont des gens comme il faut ,
la duchesse d'Olmas , Diana de Mendoce.

MONCALDE.

Diana! *il réprime sa fureur.*

DIÉGO.

Au reste , vous ferez comme il vous plaira. *Il sort.*

SCÈNE XIV.
MONCALDE.

Diana de Mendoce ! Elle a reçu le jour. Léonore m'a trahi.

Où cacher maintenant ma honte et mon désespoir ! Ma vengeance est perdue. Me voilà fugitif, errant, exposé à périr sur un échaffaud ! O quelle horreur me saisit ! j'ai d'avance dans le cœur toutes les furies de l'enfer; dom Sanche, dom Sanche, pourquoi n'as-tu pas tombé sous mes coups.

SCENE XV.

MONCALDE, D. SANCHE.

D. SANCHE.

Qui m'appelle ? Cette voix. . . . Moncalde !

MONCALDE.

Dom Sanche !

D. SANCHE.

Tu as échappé à la justice !

MONCALDE.

Tu t'es dérobé à ma vengeance !

D. SANCHE.

C'est maintenant que tu dois rougir de tes forfaits.

MONCALDE.

Trembles de me les reprocher. Je puis encore y mettre le comble. (*Il sort par la petite porte du parc, et la repousse sur lui*).

SCÈNE XVI.

D. SANCHE.

Quel singulier hasard l'a conduit ici. Ah ! cachons cet événement a Diana , il lui causerait trop d'effroi.

SCÈNE XVII.

D. SANCHE , D. ALVAR , ALPHONSINE , DIÉGO.

DIÉGO.

Oui , mademoiselle, pendant que ces dames se reposent de la fatigue du voyage ; vous pouvez vous promener à loisir dans les jolis bosquets de ce jardin.

ALPHONSINE.

Que de sensations nouvelles j'éprouve à chaque pas Ces arbres, ces fleurs, cette voûte majestueuse qui semble couronner l'univers. Ah, comme ce spectacle imposant parle à mon cœur.

ALVAR.

Charmante Alphonsine , vous admirez les ouvrages de la nature, lorsque vous en êtes le chef-d'œuvre.

D. SANCHE.

Elle ne vous écoute pas, mon cher Alvar, mais elle est bien pardonnable , après avoir été toute sa vie privée de cette vue ravissante ; quelle surprise elle doit éprouver à l'aspect de tant d'objets différens.

ALPHONSINE.

Je ne puis me lasser d'admirer tout cela. Ah, comme le ciel est beau, quand on n'a vu que les murs d'une sombre caverne. (*Elle s'approche des fleurs, les cueille avec volupté et en forme des bouquets*).

D. SANCHE, *à demi-voix.*

Mon cher Alvar, pendant qu'Alphonsine s'occupe à cueillir des fleurs, il faut que je vous apprenne une chose étonnante.

ALVAR.

Qu'est-ce donc?

D. SANCHE.

Moncalde est ici.

ALVAR.

En êtes vous sûr?

D. SANCHE.

Je l'ai vu moi-même tout à l'heure, vous sentez qu'il faut prendre des mesures... Mais éloignons-nous un peu, il est important qu'Alphonsine ne puisse nous entendre. (*Il s'éloignent en causant*).

DIÉGO.

Bon : Ils s'éloignent, avertissons mon maître. (*Il frappe un coup dans sa main. D. Pèdre paraît.*

SCÈNE XVIII.

D. PÈDRE, ALPHONSINE, DIEGO.

D. PÈDRE.

Veilles à ce que personne ne vienne ici.

DIÉGO.

Oui, monsieur (*à Alphonsine*) mademoiselle, voici monsieur Dolzi, mon maître, qui désire vous parler. (*Il s'éloigne*).

ALPHONSINE.

Ce bon vieillard, si généreux, si humain ! (*elle apperçoit D. Pèdre*). Ah !

D. PEDRE, *la prend par la main ; la fixe en silence, et se retirant ensuite, dit à part.*

C'est elle ! c'est Diana, dans les jours brillans de sa première jeunesse, et parée de tous les charmes de la pudeur et de l'innocence. O regrets superflus ! — Par un funeste prodige, le passé se reproduit pour me ramener aux premiers jours de ma douleur.
(*Il verse des larmes, et cache son visage dans ses mains.*

ALPHONSINE.

Il pleure, je crois. Est-ce que je vous ai fait de la peine ? Oh ! c'est bien sans le vouloir.

D. PEDRE.

Charmante enfant, il paraît que ton âme est bien peinte dans ta douce physionomie.

ALPHONSINE.

Mais en vous considérant de près , je ne vous trouve plus si vieux qu'on nous l'avait dit. Vos traits annoncent la bonté : une crainte secrète m'agitait avant de vous parler , et maintenant j'éprouve une sorte de plaisir à vous contempler.

D. PEDRE.

Qu'elle est intéressante !

ALPHONSINE.

Vous êtes bienfaisant, et vous fuyez le monde , que vous a-t-il donc fait ?

D PEDRE.

Oh ! bien du mal.

ALPHONSINE.

Moi , depuis que je le connais , je n'y ai trouvé que des sujets de contentement.

D. PEDRE.

Puissent-ils ne jamais changer pour vous. (*à part*). Mon doute est trop cruel , il faut que je l'éclaircisse. Dites-moi, Alphonsine , depuis quand avez-vous connu D. Sanche votre père ?

ALPHONSINE.

D. Sanche n'est pas mon père.

D. PEDRE.

Que dites-vous ?

ALPHONSINE.

La vérité.

D. PEDRE.

C'est donc à Dazeli que vous devez le jour.

ALPHONSINE.

Ni D. Sanche , ni Dazeli.

D. PEDRE.

O Dieux , s'il s'était trompé sur son âge... Au nom du ciel, dites-moi , quel âge avez-vous ?

ALPHONSINE.

Quinze ans.

D. PEDRE, *à part.*

C'est ma fille.

ALPHONSINE.

Mais , pourquoi me faites-vous ces questions ?

D. PEDRE.

Elles m'intéressent vivement.

ALPHONSINE.

J'y réponds avec plaisir. C'est singulier, je n'ai jamais été si long-tems loin de ma mère , et je ne ressens pas auprès de vous l'ennui que j'éprouve quand je m'éloigne d'elle.

D PEDRE.

Vous vous intéressez donc à moi ; vous m'aimez donc ?

ALPHONSINE.

Oui : vos traits ressemblent à ceux du portrait...

D. PEDRE.

Quel portrait ?

ALPHONSINE.

Celui de mon pére , de D. Pédre ; le voici

D. PEDRE.

Je n'en puis plus douter, c'est celui que je lui donnai.
Ma fille, viens dans mes bras , je suis D. Pédre.

ALPHONSINE.

Mon pére ! mon cœur me le disait.
Elle se jette dans ses bras).

D. PEDRE.

Je retrouve mon enfant, je pardonne tout à sa mère !

ALPHONSINE.

Maman, je veux la prévenir moi-même de cette heureuse
nouvelle.

D. PEDRE.

Ma fille, elle t'a donc appris à me connaître , à m'aimer.

ALPHONSINE.

Tous les jours elle me répétait votre nom.

D. PEDRE.

Chère Diana ! et j'ai pu la soupçonner.

ALPHONSINE.

Il faut que j'aille sur-le-champ la chercher ; lui dire que
je vous ai retrouvé : oh! que cette nouvelle va lui causer
de joie !

D. PEDRE.

Ma fille , un moment ; tu vas lui causer par cette nouvelle inattendue un saisissement funeste ; il ne faut l'instruire
qu'avec précaution , malgré le vif désir que j'ai de l'em-
brasser , je veux moi-même par prudence retarder ce moment fortuné. Vas chercher ta mère , amènes-la ici ; je vais
y revenir dans un instant.

SCENE XIX.

LES MÊMES, MELCADOS.

MELCADOS, *qui a entendu les derniers mots.*

Mademoiselle Alphonsine, madame votre mère vous demande ; elle est dans une inquiétude terrible ; elle m'en-
voye vous chercher : c'est qu'il faut vous dire...

ALPHONSINE.

J'y cours. Mon père, je la ramène bientôt dans vos bras.
(*Ils sortent ensemble*).

MELCADOS.

Son père, dit-elle. Est-ce que je me serais trompé dans
mes conjectures. . .Oh , oh', voilà un mystère qu'il faut savoir. Ils vont revenir ici , disent-ils . . . où me cacherai-je
bien. . . derrière ce banc, on me verrait. . . ce pavillon...
il est occupé , eh parbleu derrière cette porte ! oui , j'y serai

à merveille pour entendre. (*Il ouvre la porte, Moncalde parait*).

SCÈNE XX.
MONCALDE, MELCADOS.
MONCALDE, *un pistolet à la main.*

Tais-toi, ou tu es mort !

MELCADOS.

O ciel, ayez pitié de moi !

MONCALDE.

Sors vîte par cette porte, et ne dis mot, ou ce pistolet...

MELCADOS.

Je jure de ne pas ouvrir la bouche.

MONCALDE.

Ah , valet curieux, si je ne craignais de faire du bruit...

MELCADOS.

De grâce , ne faites pas de bruit, je ne dirai rien.

MONCALDE.

Vous aviez bien choisi l'endroit pour entendre ; c'est de-là, qu'en effet j'ai appris des secrets. . .Ah ! ils ne m'échapperont pas. J'entends quelqu'un , rentres avec moi.
(*Ils se cachent*).

SCENE XXI.
Les mêmes cachés, DIANA , ALPHONSINE.
DIANA.

Où me conduis-tu donc , chère enfant ?

ALPHONSINE.

Nous n'irons pas plus loin.

DIANA.

Comme tu as l'air agité.

ALPHONSINE.

Oh ! c'est que mon cœur est bien content.

DIANA.

Tu vas me dire ce qui te cause cette émotion.

ALPHONSINE.

Non pas encore.   DIANA.

Alphonsine, tu aurais quelque chose de caché pour ta mère !   ALPHONSINE.

C'est que je crains pour toi l'effet d'une surprise. . .

DIANA.

Tu m'iquiètes.

ALPHONSINE.

Je ne puis plus me taire ; tiens, maman , tu vas voir tout-à-l'heure ici quelqu'un que tu ne t'attendais pas à y rencontrer.
Moncalde parait et écoute.

DIANA.

Qui donc , mon enfant ?

ALPHONSINE.

O maman, si tu pouvais deviner !

DIANA.

Est-ce quelqu'un dont la vue puisse m'être agréable ?

ALPHONSINE.

Oh sûrement. **DIANA.**

Mon cœur palpite, je crois deviner. . . Où est-il. . .

ALPHONSINE.

Peut - être ici même.

DIANA *se retourne, et apperçoit Moncalde.*

Dieu ! *Elle serre sa fille dans ses bras, elle dit d'une voix étouffée,* Moncalde !

MONCALDE *s'avance entre elles, leur prend à chacune une main, et leur dit à voix basse.*

Tu vois, Diana, que le sort te remet entre mes mains ; tu avais cru m'échapper ; je suis encore une fois maître de ta vie. **DIANA,** *à genoux.*

Grâce, Moncalde, grâce pour ma fille.

MONCALDE.

Suivez - moi toutes deux.

DIANA.

Moncalde, arraches-moi la vie ! perces mon cœur ; je ne gémirai point : mais respectes ma fille !

MONCALDE.

Suivez - moi toutes deux, vous dis-je, ou ce poignard. *Il les menace alternativement. Melcados sort furtivement, et court du côté du château.*

ALPHONSINE.

Arrêtes, homme cruel, c'est moi qu'il faut immoler, et non pas ma mère. . . Ou plutôt fais nous mourir toutes les deux, nous serons plus heureuses !

DIANA.

Ta vengeance n'est donc pas satisfaite des tourmens que tu m'as fait souffrir !

MONCALDE.

Je n'écoute plus rien, un moment de plus pourrait me perdre. Suivez-moi, ma sûreté l'exige.

DIANA.

Je te promets de te justifier de tous tes crimes. Le secret de ma capacité sera enseveli : J'attesterai que j'arrive de France. **MONCALDE.**

Il est trop tard ! Le glaive des lois s'élève sur ma tête ; je vais me venger : que je périsse ensuite, peu m'importe, je serai satisfait. **DIANA.**

Ma fille ! **ALPHONSINE.**

Au secours.

SCENE XXII.

Les mêmes, MELCADOS, DIÉGO, D. SANCHE, D. ALVAR, D. PEDRE, LA DUCHESSE.

MELCADOS.

Par ici, accourez, le voilà !

MONCALDE *lève le bras pour frapper.*

Je suis trahi !

D. PÈDRE *lui arrêtant le bras.*

Arrêtes, barbare ! *On se saisit de Moncalde.* Ma fille, mon épouse.

DIANA *se jettant dans ses bras.*

D. Pèdre ! Ah c'est trop de bonheur !

D. PÈDRE *à Moncalde.*

Misérable !.. Je devrais venger dans ton sein tous les maux que tu m'as fait souffrir. . . . . Mais, je ne veux point souiller ma main de ton indigne sang. Le glaive des lois doit seul punir tes attentats, et je te livre au châtiment que tu n'as que trop mérité. . . . . . Qu'on l'entraîne ! *On emmène Moncalde.* Chère Diana, le jour du bonheur luit enfin pour nous. Que le titre de ton époux légitime nos nœuds, et que je devienne le plus heureux des hommes, après en avoir été le plus infortuné.

ALPHONSINE

Chéris-là bien, mon père, c'est un ange de bonté, si tu savais ce qu'elle a souffert pour moi. . .

DIANA.

Je te l'ai conservée, D. Pèdre, mes soins sont bien récompensés. D. Sanche est notre libérateur. Sans lui nous n'existerions plus, et ta sœur serait l'épouse du cruel Moncalde. D. PÈDRE, *à D. Sanche.*

Généreux ami, jouissez de votre ouvrage.

D. SANCHE.

En remplissant mon devoir, je n'ai fait qu'obéir à mon cœur. D. PÈDRE.

Ma reconnaissance sera éternelle, que le don de mon amitié en soit le gage. D. SANCHE.

Je ne pouvais pas espérer une plus flatteuse récompense.

LA DUCHESSE.

Oubliez tous vos malheurs, pour jouir de l'avenir fortuné qui se présente. *A D. Pèdre.* Tu vois Alvar, mon fils.

ALVAR, *à D. Pèdre.*

Qui vous chérira comme un père.

D. PÈDRE.

Tu dis cela en regardant Alphonsine. Ah! Je lis dans ton cœur, tu seras heureux, Alvar.

ALPHONSINE.

Nous le serons tous en ne nous quittant pas.

DIANA.

Oui, ma fille ; mais souviens-toi que le bonheur ne suit que la vertu, et qu'on le trouve par-tout quand le cœur est pur. ALPHONSINE.

Je n'oublierai jamais que tu l'as trouvé dans le fond d'une caverne affreuse. DIANA.

J'y étais avec ma fille. . . . Quelle prison n'embellirait pas la tendresse maternelle. FIN.

55ème   Voyez le Mariage à coup de pierre,
         retiré à toste avant Alphonsine.

—

56ème   Sauvageon
        ou le Faux Iroquois, avec Brazier.
Vaudeville en 1 acte, joué pour la
première et dernière fois sur le théâtre
Montansier, le 20 Mai 1806.
        Chute complète.

    Il y a des détails assez curieux sur
la chute de cette pièce, dans la chronique
des Petits théâtres par M. Brazier.
1837. 2 Vol. in 8°.

    Deux auteurs influens [*] qui avaient
donné avec succès, des pièces d'assez bon
goût, voulaient faire disparaître le
genre bouffon qui avait fait la fortune
du théâtre Montansier. Toutefois,
notre parade n'était pas bonne.
Le sujet était celui du Huron de
Voltaire, mis en Opéra par Marmontel,
et reproduit sous peu aux Variétés il y a
peu de temps par M.M. Duvert et Lauzanne,
sous le titre de

(*) M.M. Moreau et Français.